东方童铭

当代少儿国学启蒙优秀读物

温爽 李博 编著

东北大学出版社

ⓒ 温爽　李博　2017

图书在版编目（CIP）数据

东方童铭 / 温爽，李博编著. —沈阳：东北大学
出版社，2017.7
ISBN 978-7-5517-1627-7

Ⅰ. ①东… Ⅱ. ①温… ②李… Ⅲ. ①中华文化—儿
童读物 Ⅳ. ①K203-49

中国版本图书馆 CIP 数据核字（2017）第 161772 号

出 版 者：东北大学出版社
　　　　　　地址：沈阳市和平区文化路三号巷 11 号
　　　　　　邮编：110819
　　　　　　电话：024-83687331（市场部）　83680267（社务部）
　　　　　　传真：024-83680180（市场部）　83687332（社务部）
　　　　　　网址：http://www.neupress.com
　　　　　　E-mail：neuph@neupress.com
印 刷 者：辽宁泰阳彩色广告印刷有限公司
发 行 者：东北大学出版社
幅面尺寸：184mm×250mm
印　　张：10.25
字　　数：131 千字
出版时间：2017 年 7 月第 1 版
印刷时间：2017 年 7 月第 1 次印刷
责任编辑：向　阳　王　程
责任校对：程　往
封面设计：潘正一
责任出版：唐敏志

ISBN 978-7-5517-1627-7　　　　　　　　　　　　　定　价：48.00 元

序 言 XU YAN

古人云："蒙以养正，圣功也。"在民族复兴的伟大历史进程中，对少年儿童进行中华优秀传统文化教育，越来越受到人们的重视。

作为一个教育工作者，希望自己的学生能够拥有一身正气、一派儒雅、一口妙语、一手美文、一笔好字，成为一个有根有德的中国人。也希望他们成为学贯中西、文理兼达、情智双修的少年英才。

这不仅是教育工作者的愿景，更是每个家庭与社会的共同愿景，这些愿景的根基则是中华优秀传统文化。

中华传统文化博大精深、浩如烟海，如何让学生简洁高效地了解，是摆在我们面前的一个重要课题。

传统的《三字经》《弟子规》等蒙学著作，多数形成于宋代至清代中期，成为很多先贤圣哲的启蒙课程，有着重要的历史价值。然而，近两百年来，社会迅速发展，思想不断解放，全球一体化、信息化逐步形成，对这些经典的著作应赋予新的涵义。教育、文化更需要与时俱进、开拓创新。

温爽、李博老师作为优秀的一线教师，自2009年开始，一直钻研国学教育，先后参加全国红领巾国学教育系列活动、国家"十二五"重点课题"当代国学教育研究"等工作，在少儿国学教育方面有着渊博的学识、丰富的经验。

如今，历时8年，两位老师编著的中华优秀传统文化三字经《东方童铭》终于出版了！

这是一部与时俱进、融会贯通的国学通识读物；是一部文理汇通、科哲汇通的文化启蒙读物！

在此，向两位老师致以深深的敬意！向在本书编写、本课程开发过程中付出辛勤努力的老师们，致以深深的谢意！

路漫漫其修远兮，吾将上下而求索！

沈阳国学教育研究中心

2017年5月

目 录 MU LU

東方童銘

wǒ zhōng huá　　dà tiān dì
我 中 华　　大 天 地

shì dōng fāng　　zuì mèi lì
世 东 方　　最 魅 力

　　古老的东方孕育着一个神奇的民族——华夏，华夏文明至今已有五千多年的历史了，仰韶文化、龙山文化、红山文化、良渚文化等，都是华夏文明。华夏文明也是世界四大古文明之一，是世界文化百花园当中最绚丽多彩的一枝花。

文史百科

华夏文明

　　华夏文明亦称中华文明、汉文明，以礼乐为制度，易经八卦、丹书朱文、上古汉语为源泉，是世界上最古老的文明之一，在历史上一脉相传。

　　中国是位于亚洲东部的一个地理或国家区域，最早是泛指炎黄子孙在中原建立的国度，至现代国际体系成形后才开始作为国家的通称。

瞿塘峡（夔门）重庆

布达拉宫　西藏拉萨

　　大道之行也，天下为公，选贤与能，讲信修睦。故人不独亲其亲，不独子其子，使老有所终，壮有所用，幼有所长，鳏、寡、孤、独、废疾者皆有所养，男有分，女有归。货恶其弃于地也，不必藏于己；力恶其不出于身也，不必为己。是故谋闭而不兴，盗窃乱贼而不作，故外户而不闭，是谓大同。

——《礼记》

漓江　广西桂林

三潭印月　浙江杭州

3

东方
童铭

cháng jiāng cháng
长 江 长

huáng hé qū
黄 河 曲

sān shān měi
三 山 美

wǔ yuè qí
五 岳 奇

　　我们中国最著称的名山是"三山五岳"。"三山"一般是指黄山、庐山、雁荡山。"五岳"是指泰山、华山、嵩山、衡山、恒山。

长江和黄河是我们中华文明的发源地。

华山　陕西华阴

望 岳

唐·杜甫

岱宗夫如何，齐鲁青未了。
造化钟神秀，阴阳割昏晓。
荡胸生层云，决眦入归鸟。
会当凌绝顶，一览众山小。

泰山　五岳独尊

嵩山少林寺　河南登封

<pre>
pán gǔ zhě   kāi tiān dì
盘 古 者   开 天 地
 wā bǔ tiān   lì   sì   jí
娲 补 天   立 四 极
</pre>

　　神话传说中，天地是盘古开辟的。最初，天地是一个混沌不分的"鸡蛋"，在这个"鸡蛋"里，孕育着巨人盘古，后来他用一把大斧子把"鸡蛋"砍为两半，就形成了天地。

　　女娲用黄泥捏成自己的样子，创造了人类。后来女娲又炼五色石以补苍天，拯救百姓。

　　后羿是远古时代的部落首领，神话传说中，他把天上的十个太阳射掉了九个，只留下一个，使大地万物繁茂。

娲皇宫　河北邯郸

天地混沌如鸡子，盘古生其中。万八千岁，天地开辟，阳清为天，阴浊为地。盘古在其中，一日九变，神于天，圣于地。天日高一丈，地日厚一丈，盘古日长一丈，如此万八千岁。天数极高，地数极深，盘古极长。

——《艺文类聚》

女娲补天　广东深圳

新石器时代　红山文化　玉龙

新石器时代　仰韶文化　人面鱼纹盆

7

rú   máo   xuè   gǔ   yuán   lì
茹　毛　血　　　古　猿　立
shàn   ràng   zhì   xuān   yuán   dì
禅　让　制　　　轩　辕　帝

进化论研究表明，人类是由古猿进化而来的。古猿成人经历了漫长的400万年的时间，劳动起到了至关重要的作用。传说中，是"三皇五帝"创造了中华文明。"三皇"，一般认为是指燧人氏、神农氏、伏羲氏。"五帝"一般认为是指黄帝、颛顼、帝喾、尧帝、舜帝。

文史百科

北京猿人

"北京猿人"正式名称为"中国猿人北京种"，现在在科学上常称之为"北京直立人"，生活在距今70万至20万年之间。遗址发现地位于北京市西南房山区周口店龙骨山。1929年12月2日，中国考古学者裴文中发掘出第一个完整的北京猿人头盖骨。

北京猿人头部复原像

黄帝像

我的祖先名叫炎黄（节选）

当代·江边柳

我的祖先名叫炎黄
伏羲女娲给了我最初的模样
当夸父追逐着自己的理想
当后羿射下第九颗太阳
我的始祖开始走出蒙昧洪荒
将一个不朽的传奇开创

我的祖先名叫炎黄
我沐浴着轩辕氏的荣光
龙的血液在我的体内流淌
华夏是我的骄傲
我骄傲
为这典雅高贵的礼仪之邦

我愿做华夏的好儿郎
再次证明
少年智则国智
少年强则国强
无愧祖先
无愧炎黄

舜帝铜像　安徽滁州

尧帝塑像　山西临汾

9

yǔ zhì shuǐ　jiǔ dǐng zhù
禹 治 水　九 鼎 铸

shì xí zhì　xià wáng qǐ
世 袭 制　夏 王 启

大禹成为首领后，铸造了九鼎，象征着统一天下九州（冀州、兖州、青州、徐州、扬州、荆州、豫州、梁州、雍州），九鼎流传下来也就成了国家政权的象征，中国历史上的第一个朝代夏朝逐渐形成。

大禹死后，他的儿子启（也称夏启）即位，禅让制就变为了世袭制。启颁布了一些严酷的法令，用来镇压反对他的部落，并把战败部落的人作为奴隶，奴隶社会从此开始了。

商·乳钉纹青铜鼎

文史百科

奴隶社会

以奴隶主占有生产资料并占有奴隶为基础的社会。是人类历史上第一个人剥削人的社会。奴隶主是统治阶级，奴隶是被统治阶级。奴隶毫无人身自由，可被任意惩罚、买卖甚至屠杀。奴隶主为维护其统治，于是产生了国家。奴隶制度最终被封建制度所取代。

大禹陵　浙江绍兴

凉州词

唐·王之涣

黄河远上白云间，
一片孤城万仞山。
羌笛何须怨杨柳，
春风不度玉门关。

登鹳雀楼

唐·王之涣

白日依山尽，
黄河入海流。
欲穷千里目，
更上一层楼。

黄河壶口瀑布　山西临汾，陕西延安

汤 灭 夏　　商 都 移
tāng miè xià　　shāng dū yí

甲 骨 文　　卜 凶 吉
jiǎ gǔ wén　　bǔ xiōng jí

夏朝最后一位君主夏桀，是历史上著名的暴君。他还自比为太阳，以为可以和太阳一样永存，但最终还是被商汤领导的军队打败了。

商朝中期，国家的统治出现了危机。盘庚继位以后，决定把都城从奄（今山东曲阜）迁到殷（今河南安阳），遭到贵族的反对。但是盘庚决意迁都，并作书告谕，违者重惩。

盘庚迁都以后，施行比较开明的政策，人民安居乐业，文化发展，社会富足繁荣，创造了灿烂辉煌的殷商文化。

文史百科

后（司）母戊鼎

后（司）母戊方鼎是中国商代后期王室祭祀用的青铜方鼎，是商朝青铜器的代表作，是目前世界上发现的最大的青铜器。

后（司）母戊方鼎器型高大厚重，形制雄伟，气势宏大，纹饰华丽，工艺高超，高133厘米，口长110厘米，口宽78厘米，壁厚6厘米，重832.84千克，鼎腹长方形，上竖两只直耳，下有四根圆柱形鼎足。

商·后（司）母戊鼎　中国国家博物馆

甲骨文

甲骨文主要指殷墟甲骨文，又称为"殷墟文字""殷契"，是中国商代后期王室用于占卜记事而刻在龟甲和兽骨上的文字，这是中国已发现的古代文字中体系较为完整的文字。

甲骨文

四羊方尊

四羊方尊，1938年湖南省宁乡县出土，是我国现存商代青铜方尊中最大的一件，通高58.3厘米，重达34.5千克。

铜尊盛行于商代和西周时期，是一种饮酒用具。

商·四羊方尊　中国国家博物馆

13

文武道　顺民意
wén wǔ dào　shùn mín yì

战牧野　纣王毙
zhàn mù yě　zhòu wáng bì

　　商朝最后一位君主纣王，曾开疆拓土，很有作为。但后来昏庸残暴，滥用刑罚，耗巨资建鹿台，造酒池，悬肉为林，与后妃妲己过着穷奢极欲的生活。最终导致了商朝的灭亡。

　　周文王是商朝西方部落"周"的首领，他关爱百姓，礼贤下士，使周迅速发展起来。到了周武王姬发时期，他继承文王的遗志，继续积极准备灭商，任命姜尚（姜太公）为军师，负责军事。在姜太公的帮助下，牧野之战中，由于商朝的兵士"阵前倒戈"，商军全线溃退，纣王逃回殷都，在鹿台自焚。武王最终推翻了商朝，建立了周朝。

文史百科

牧野之战

　　公元前1046年，商周之际，周武王在吕尚（即姜尚姜太公）等人辅佐下，率军直捣商都朝歌，在牧野大破商军，是灭亡商朝的一次战略决战。

周·毛公鼎及铭文（局部）

诗文链接

牧野洋洋，檀车煌煌，
驷骡彭彭，维师尚父。
时维鹰扬，凉彼武王。
肆伐大商，会朝清明。
　　——《诗经·大雅·大明》

姜太公铜像

周·堇临簋

商·戈

周公旦　礼乐制

zhōu gōng dàn　　lǐ yuè zhì

西周失　五霸起

xī zhōu shī　　wǔ bà qǐ

　　周公姬旦是西周初年杰出的政治家、军事家和思想家，是周武王的弟弟。在武王去世后周公辅佐周成王治理天下。周公为使国家快速发展，不断招纳贤才，曾"一饭三吐哺"接待前来拜访的能人。后来又制定《周礼》，开创了礼乐制度。

　　东周划分为春秋和战国两个时期。这一时期，各个诸侯国拥兵自重，礼崩乐坏，相互兼并，出现了大国争霸的局面。

　　管仲是当时杰出的政治家、军事家。齐桓公与管仲曾有"一箭之仇"，但齐桓公不计前嫌，在管仲的辅佐下，尊王攘夷，九合诸侯，成为中原的第一位霸主。

文史百科

周朝

　　周朝是中国历史上最长的朝代，可分为西周和东周两个时期。

　　西周（前1046—前771）建都镐京。

　　东周（前770—前256）建都洛邑，东周又分为春秋（前770—前476）、战国（前475—前221）两个时期。

西周·宗周钟

短歌行

东汉·曹操

对酒当歌，人生几何？
譬如朝露，去日苦多。
慨当以慷，忧思难忘。
何以解忧？唯有杜康。
青青子衿，悠悠我心。
但为君故，沉吟至今。
呦呦鹿鸣，食野之苹。
我有嘉宾，鼓瑟吹笙。
明明如月，何时可掇？
忧从中来，不可断绝。
越陌度阡，枉用相存。
契阔谈䜩，心念旧恩。
月明星稀，乌鹊南飞，
绕树三匝，何枝可依？
山不厌高，海不厌深。
周公吐哺，天下归心。

周公像　陕西宝鸡周公庙

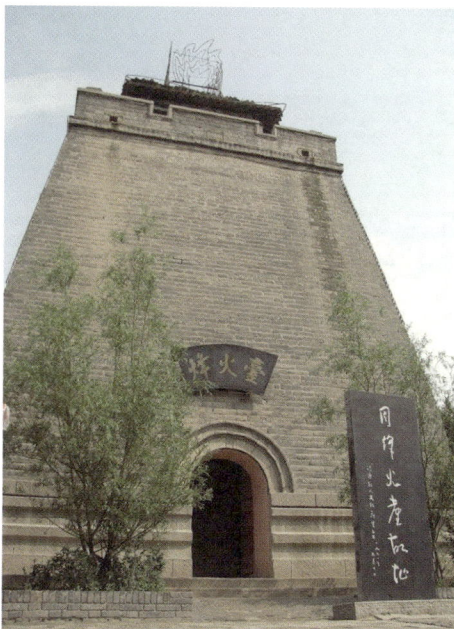

烽火台　陕西西安

17

xiāng gōng rén　　　zǒu xiǎn dì
襄 公 仁　　　走 险 地

chóng ěr yì　　　zhōng yuán yī
重 耳 义　　　中 原 一

　　齐桓公去世以后，他的六个儿子争夺王位，太子昭在宋襄公的帮助之下成为齐国的国君，即齐孝公。宋襄公认为称霸的条件成熟，于是大会诸侯，不料却被楚成王扣押，在齐鲁两国求情下才得以脱身。后来宋楚之间爆发了泓水之战，宋襄公却因固执地坚持"仁义"而败。

　　战败后的宋国尽管很贫穷，却帮助了流亡在外的晋国公子重耳，也就是后来的晋文公。晋文公在城濮之战中，实现了"退避三舍"的诺言，最终打败了楚王，成为霸主。

文史百科

中国历史上不同时期的里、尺

时　期	里的长度	尺折合米（约）	里折合米（约）
周秦汉	300步，1800尺	0.231米	415.8米
清光绪	1800尺（营造尺）	0.32米	576米
1929年	150丈，1500尺	1/3米	500米

寒食

唐·韩翃

春城无处不飞花，寒食东风御柳斜。
日暮汉宫传蜡烛，轻烟散入五侯家。

春秋·番君鬲

《晋文公复国图》 美国大都会艺术博物馆

xiáo shān zhàn　　bǎi lǐ xī
崤 山 战　　百 里 奚

chǔ zhuāng wáng　　dà shǒu bǐ
楚 庄 王　　大 手 笔

　　秦穆公是春秋时期秦国的国君，他非常重视人才，用五张黑羊皮换回了逃到楚国的百里奚，任命为国相。百里奚帮助秦穆公治理天下，称霸西戎。后来秦穆公却不顾百里奚等人的反对，对晋国发动了崤山之战，结果大败。

　　楚庄王即位之初，三年不理国政，大夫伍参、苏从冒死进谏，楚庄王亲理朝政，任用贤臣，"一鸣惊人"。

春秋·青铜剑

文史百科

《春秋》

　　《春秋》，是鲁国的编年史，记载了从鲁隐公元年（前722）到鲁哀公十四年（前481）的历史，是中国现存最早的一部编年体史书。

　　在鲁国编《春秋》时，其他诸侯国也都设有史官撰写本国的编年史，鲁国《春秋》能够流传下来是孔子呕心沥血编订的结果。孔子在编订《春秋》时，在文字中寓寄了自己很多主张和思想。

咏史诗

东汉·阮瑀

误哉秦穆公，身没从三良。
忠臣不违命，随躯就死亡。
低头窥圹户，仰视日月光。
谁谓此可处，恩义不可忘。
路人为流涕，黄鸟鸣高桑。

春秋·兽形匜

楚庄王出征雕塑　湖北武汉

cáo guì móu
曹 刿 谋

yàn shǐ chǔ
晏 使 楚

gāo shān yǒu
高 山 友

biǎn què yī
扁 鹊 医

　　春秋时期，齐鲁两国发生了长勺之战，曹刿认为"肉食者鄙，未能远谋"，请求随鲁庄公出战，帮助鲁庄公打败了齐国，成为中国战史中弱军战胜强军的著名战例。

　　齐国的晏子是一位著名的政治家、思想家、外交家。一次出使楚国，面对楚王的侮辱，晏子以自己的聪明才智维护了自己和国家的尊严。

　　乐师俞伯牙与樵夫钟子期不期而遇，因《高山》《流水》而成为知音。钟子期死后，俞伯牙摔琴不复再弹，成为千古佳话。

　　扁鹊是这时期著名的神医，他总结的"望闻问切"成为中医的核心诊断方法。他见蔡桓公时曾数次准确地分析了蔡桓公的疾病，可蔡桓公"讳疾忌医"，最终不治而亡。

春秋·青铜磨花剑

文史百科

列子

　　列子，名寇，又名御寇，战国前期思想家，是老子和庄子之外的又一位道家思想代表人物，著有《列子》。

　　《列子》又名《冲虚经》，是道家重要典籍。其中寓言故事百余篇，如《黄帝神游》《愚公移山》《夸父追日》《杞人忧天》等，妙趣横生，隽永味长，发人深思。

梁父吟

汉乐府

步出齐城门，遥望荡阴里。
里中有三坟，累累正相似。
问是谁家墓，田疆古冶子。
力能排南山，文能绝地纪。
一朝被谗言，二桃杀三士。
谁能为此谋，国相齐晏子。

西周·大克鼎

古琴台　湖北武汉

guò zhāo guān
过昭关

wǔ zǐ xū
伍子胥

wú yuè zhēng
吴越争

gōu jiàn lì
勾践立

在北方出现"春秋五霸"的时候，南方正是"吴越争雄"。吴王阖闾元年，伍子胥奉命修建阖闾大城（今苏州），辅佐吴王治理国家。孙武为了躲避齐国的内乱，来到吴国，成为吴国的重要军事将领。

在伍子胥、孙武的辅佐下，吴国迅速强大起来，会稽一战大败越国，越王勾践出降，成为吴王夫差的奴仆。后来勾践忍辱负重，重返越国，他卧薪尝胆，终于战败吴国，成为南方霸主。

文史百科

《孙子兵法》

也称《孙子》《孙武兵法》。中国古代最著名的、现存最早的兵书。春秋末孙武著。共十三篇，分为计、作战、谋攻、形、势、虚实、军争、九变、行军、地形、九地、火攻、用间。总结了春秋末期及以前的战争经验，揭示战争的一些一般规律以及具有普遍意义的作战和治军原则，如"知彼知己，百战不殆""避实而击虚"等。《孙武兵法》在世界军事史上具有突出的地位。

孙武像

吴越怀古

唐·李远

吴越千年奈怨何，两宫清吹作樵歌。
姑苏一败云无色，范蠡长游水自波。
霞拂故城疑转旆，月依荒树想嚬蛾。
行人欲问西施馆，江鸟寒飞碧草多。

京剧 《文昭关》 周信芳 饰 伍子胥

吴王夫差矛

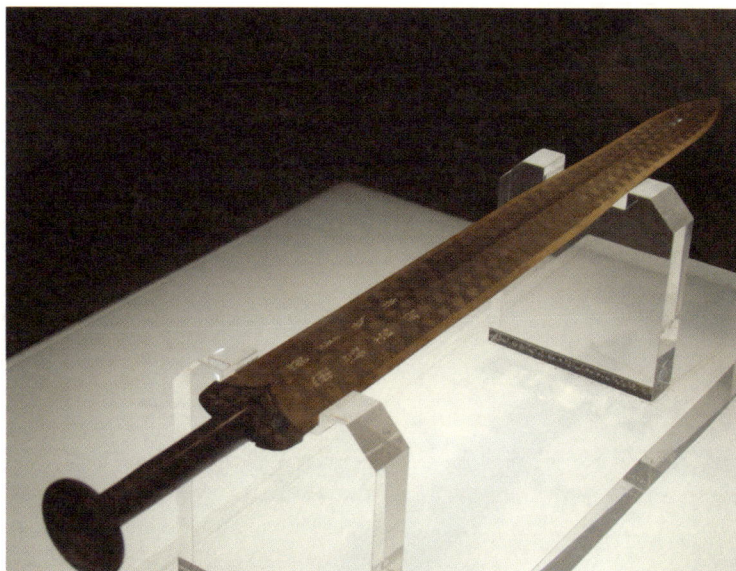

越王勾践剑 湖北省博物馆

25

kǒng mèng chū　　rú jiā zhì
孔 孟 出　　儒 家 智

lǎo zǐ hòu　　zhuāng zǐ jì
老 子 后　　庄 子 继

孔子是春秋时期伟大的思想家、教育家，他创立了儒家学派，提出"仁"学思想，把"仁义礼智信"作为人生追求，影响深远。战国时期的孟子是孔子之后儒家学派的又一位杰出代表。

老子是春秋时期的思想家，他骑青牛出函谷关，留下了一部《道德经》，被尊为道家始祖。战国时期的庄子，是道家的另一位杰出人物，提倡"无为""自然""不争"，他留给我们很多精彩的故事，如"庄周梦蝶""枯鱼之肆"等。

文史百科

三教九流

"三教"的说法起自三国时代，指的是儒教、释教、道教三种教派。"九流"的说法，最早见于《汉书·艺文志》，指的是春秋战国时代的儒家、墨家、道家、法家、名家、杂家、农家、阴阳家、纵横家等学术流派。后来，人们把宗教、学术中的各种流派统称为"三教九流"。随着时间的推移，有时人们又把它作为贬义词，泛指那些在江湖上从事各种行当的人。

孔庙大成殿　山东曲阜

合抱之木，生于毫末；
九层之台，起于垒土；
千里之行，始于足下。

　　　　　　——《老子》

老子像

　　学而时习之，不亦说
乎？有朋自远方来，不亦
乐乎？人不知而不愠，不
亦君子乎？

　　　　　　——《论语》

　　弟子入则孝，出则
悌，谨而信，泛爱众而亲
仁，行有余力，则以学文。

　　　　　　——《论语》

孔子像

fēng　yǎ　sòng

风 雅 颂

sān　bǎi　yú

三 百 余

duān　wǔ　jié

端 午 节

qū　yuán　jì

屈 原 祭

　　《诗经》是我国第一部诗歌总集，收录自西周初年至春秋中叶500多年的诗歌305首，又称《诗三百》，是"五经"之一。

　　《左传》是我国现存第一部叙事详细的编年体史书。《国语》是中国最早的一部国别体著作。这两部书从不同角度讲述了春秋时期的历史。

　　屈原是战国后期楚国人，中国古代著名爱国诗人，在得知自己的国都被秦军攻破时，屈原怀抱大石，跳进汨罗江，以身殉国，我们今天的端午节就是由纪念屈原发展而来的。

文史百科

四书五经

四书：	五经：
《论语》	《诗经》
《大学》	《尚书》
《中庸》	《礼记》
《孟子》	《周易》
	《春秋》

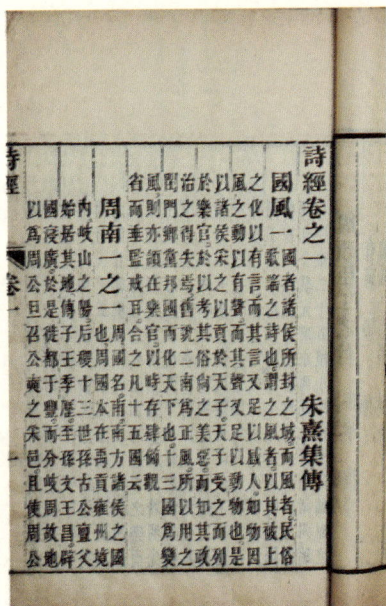

《诗经》书影

知我者，谓我心忧；

不知我者，谓我何求。

悠悠苍天，此何人哉？

　　　——《诗经·王风·黍离》

硕鼠硕鼠，无食我黍。

三岁贯汝，莫我肯顾。

逝将去汝，适彼乐土。

乐土乐土，爰得我所

　　　——《诗经·魏风·硕鼠》

路漫漫其修远兮，

吾将上下而求索。

　　　——屈原《离骚》

屈原像

端午节赛龙舟活动

東方童銘

| sān | fēn | jìn | | qī | xióng | bǐ |
| 三 | 分 | 晋 | | 七 | 雄 | 比 |

| bào | zhì | yè | | wèi | wú | qǐ |
| 豹 | 治 | 邺 | | 魏 | 吴 | 起 |

　　春秋末期，晋国被赵、魏、韩三位大夫瓜分，宋国被燕国所取代，这样就同时存在了七个强大的国家：齐、楚、燕、韩、赵、魏、秦，史称"战国七雄"。

　　西门豹，战国时期魏国人。他治理邺城时，惩治了地方恶霸势力，颁布律令，禁止巫风。在发展农业生产的同时，还实行"寓兵于农、藏粮于民"的政策，很快就使邺城民富兵强，成为战国时期魏国的东北重镇。

　　吴起是这一时期的卫国人，他治军严于己而宽于人，与士卒同甘共苦，因而军士皆能效死从命。

文史百科

客卿

　　秦有客卿之官。请其他诸侯国的人来秦国做官，其位为卿，而以客礼待之，故称"客卿"。后亦泛指在本国做官的外国人。

战国·金兽

30

咏史诗·流沙

唐·胡曾

七雄戈戟乱如麻，
四海无人得坐家。
老氏却思天竺住，
便将徐甲去流沙。

西门豹祠　河南安阳

战国·曾侯乙编钟

31

yāng biàn fǎ　　chéng xìn lì
鞅 变 法　　诚 信 立

qí wēi wáng　　bài zōu jì
齐 威 王　　拜 邹 忌

　　七雄之中，秦国最弱，秦孝公为了使国家强大起来，广招客卿。商鞅从魏国来到了秦国，得到了秦孝公的信任，通过"立木求信"，开始变法，使秦国很快成为七雄中的强国。

　　齐威王立志改革，思贤若渴。邹忌劝说威王奖励群臣吏民进谏，主张革新政治，修订法律，选拔人才，奖励贤臣，处罚奸佞，监督官吏，严明赏罚，并选荐得力大臣坚守四境，是齐威王的得力助手。

仿战国城楼

齐威王

宋·徐钧

赏罚严明国富强，
独能仗义一朝王。
周网此日微如发，
独有人心理未亡。

战国·箭镞

商鞅塑像

tián　jì　mǎ　　　páng　juān　jù

田　忌　马　　　庞　涓　炬

yuè　yì　yǒng　　　tián　dān　qí

乐　毅　勇　　　田　单　奇

　　孙膑是战国时期一位著名的军事家，著有《孙膑兵法》。孙膑曾受庞涓陷害，逃回齐国后，做了大将田忌的军师，曾经帮助田忌在赛马中战胜了齐威王。后来两次策划"围魏救赵"，最终战胜庞涓。

　　公元前284年，乐毅为燕上将，佩赵国相印，率燕、秦、赵、韩、魏五国联军攻齐，破齐之战名震华夏。

　　田单是战国后期齐国名将，乐毅率燕军破齐时，他率族人退至即墨，积极创造反攻条件，巧用"火牛阵"，实施夜间奇袭，是中国古代史上以少胜多的著名战例。

文史百科

青铜时代

　　青铜时代是考古学上继石器时代之后的一个时代。青铜是红铜和锡的合金，用它制作工具，容易铸造，坚固耐用，使生产力得以提高。世界上最早进入青铜时代的是公元前3000年时的美索不达米亚和埃及等地。

　　我国的青铜时代主要包括夏、商、西周时期，商代是高度发达的青铜时代。中国在此期间出现奴隶制国家，农业、手工业相对发达，并有文字。

乐毅

宋·徐钧

七十城收一笑间，
当时气势擅强燕。
区区莒墨何难下，
自是君王不永年。

战国·弩扳机

战国·兽首青铜壶

古马陵道

wán bì guī 完 璧 归　　jiàng xiàng hé 将 相 和

zhàn cháng píng 战 长 平　　fàn jū jì 范 雎 计

公元前283年，赵王得到无价之宝和氏璧，秦王提出以十五座城池交换，蔺相如奉命出使秦国，机智勇敢地"完璧归赵"。大将廉颇因嫉妒蔺相如的功劳而扬言要难为蔺相如。蔺相如以国家大局为重，避让廉颇。廉颇深感内疚，负荆请罪，将相和好，成为千古佳话。

范雎是当时重要的政治家，他来到秦国，向秦昭王提出"远交近攻"的谋略。

公元前262年，秦军进攻赵国长平，廉颇奉命防守，可赵王却听信谗言，撤换廉颇，任用赵括，最终赵括被秦将白起打败。

文史百科

和氏璧

和氏璧是历史上著名的美玉，在它流传的数百年间，被奉为无价之宝和天下所共传之宝，又称和氏之璧、荆玉、荆虹、荆璧、和璧、和璞。

廉颇墓　安徽六安

春秋战国门郭开

唐·周昙

秦袭邯郸岁月深，
何人沽赠郭开金。
廉颇还国李牧在，
安得赵王为尔擒。

长平之战遗址　山西高平

蔺相如庙　河北邯郸

37

都江堰　郑国渠
dū　jiāng　yàn　　zhèng　guó　qú

刺秦王　荆轲义
cì　qín　wáng　　jīng　kē　yì

　　战国末期，韩国派著名的水工郑国为秦国设计修建了灌溉八百里秦川的郑国渠，直到今天还发挥着重大的作用。

　　秦国蜀太守李冰是一位著名的科学家，他发明了井压取卤的方法，从地下抽取盐卤煮盐。为了治理岷江，灌溉成都平原，李冰父子主持修建了著名的水利工程都江堰，使成都平原成为"天府之国"。

　　强大的秦国就要进攻燕国了，大侠荆轲受燕太子丹的重托，带着督亢地图、樊於期人头前往秦国刺杀秦王嬴政，最终失败，燕国也因此很快被秦国打击得奄奄一息了。

文史百科

都江堰

　　都江堰水利工程建于公元前256年。都江堰水利工程由创建时的鱼嘴分水堤、飞沙堰溢洪道、宝瓶口进水口三大主体工程和百丈堤、人字堤等附属工程构成。科学地解决了江水自动分流、自动排沙、控制进水流量等问题，消除了水患，使川西平原成为"水旱从人"的"天府之国"。两千多年来，一直发挥着防洪灌溉的作用。

都江堰　四川成都

拜水都江堰，
问道青城山。
　　　　——余秋雨

易水歌

战国·荆轲

风萧萧兮易水寒，
壮士一去兮不复还。

郑国渠　陕西泾阳

荆轲塔　河北保定

qín yíng zhèng   shǐ huáng dì

秦 嬴 政　　始 皇 帝

bīng mǎ yǒng   chēng qí jì

兵 马 俑　　称 奇 迹

嬴政（前259—前210）13 岁即位，21 岁亲政。从公元前230年开始，历经10年，灭掉了东方六国，建立了中国历史上第一个统一的封建王朝——秦朝。

公元前221年，38岁的秦王嬴政君临天下，以功盖三皇五帝而称始皇帝，成为中国历史上第一位皇帝。他设立郡县，统一了文字、货币、度量衡等，开创了大一统的封建时代。

燕　齐　赵　魏　韩　楚　秦　秦统一后的文字

秦统一后的文字

文史百科

汉字的"六书"与"七书"

"六书"，是指古人分析汉字的构造和使用而归纳出来的六种类型，包括象形、指事、会意、形声、假借、转注。

"七书"，是指汉字字体发展的七个阶段，有甲骨文、金文、小篆、隶书、楷书、草书、行书。

古风（节选）

唐·李白

秦王扫六合，
虎视何雄哉！
挥剑决浮云，
诸侯尽西来。

秦始皇像

秦始皇帝陵　陕西西安

兵马俑

xiān fén shū　　　hòu kēng rú
先 焚 书　　后 坑 儒

dà zé xiāng　　　chén shèng qǐ
大 泽 乡　　陈 胜 起

　　秦始皇为了控制百姓的思想，下令焚书，又把批评他的460多人给坑杀了，这就是焚书坑儒。公元前210年，秦始皇病死沙丘，在李斯、赵高的设计下，胡亥当上了皇帝，这就是沙丘之盟。

　　陈胜年轻的时候，曾感叹："燕雀安知鸿鹄之志哉！"公元前209年，陈胜和吴广带领百姓前往渔阳服役，途中因大雨延误，按律当斩，他们高呼"王侯将相宁有种乎？"斩木为兵，揭竿而起，被迫发动了大泽乡起义。这是中国历史上第一次大规模的农民起义，起义最终以失败而告终。

文史百科

虎符

　　虎符是古代皇帝调兵遣将用的兵符，用青铜或者黄金做成伏虎形状的令牌，劈为两半，其中一半交给将帅，另一半由皇帝保存，只有两个虎符同时使用，才可以调兵遣将。考古学家发现的最早虎符是秦惠君的杜虎符。

虎符

庵中杂书

南宋·陆游

茅茨一室有余乐，
辙环四海谁知心？
辍耕垄上鸿鹄志，
长啸山中鸾凤音。

大泽乡起义

秦坑儒谷　陕西西安

秦·"三年诏事"铜鼎

43

chǔ hàn jiè　　bāng hé yǔ
楚 汉 界　　邦 和 羽

gāi xià zhàn　　shí bú lì
垓 下 战　　时 不 利

　　刘邦在沛县起兵反秦，后来投奔项梁，与项羽结拜为兄弟。公元前206年，刘邦围攻秦都咸阳，秦王子婴请降，秦朝灭亡。与此同时，项羽力战巨鹿，以少胜多，大获全胜之后进军咸阳。刘邦来鸿门拜见项羽，将秦朝属地交给项羽。项羽的军师范增在酒席间欲杀刘邦，多亏项伯相助，刘邦才得以脱险。

　　项羽自命"西楚霸王"，分封天下，封刘邦为"汉王"。把秦朝降将章邯等人封在关中，以此钳制刘邦。刘邦进入汉中，拜萧何为相国，韩信为大将军，明修栈道，暗度陈仓，开始了楚汉之争。

文史百科

栈道

　　栈道主要是在悬崖峭壁上凿孔，插入木梁，上铺木板或再覆土石而成的路。也有在石崖上凿成台级，形成攀缘上下的梯子崖。还有在陡岩上凿成的隧道或半隧道。一条栈道常可因地制宜分段采取不同形式。

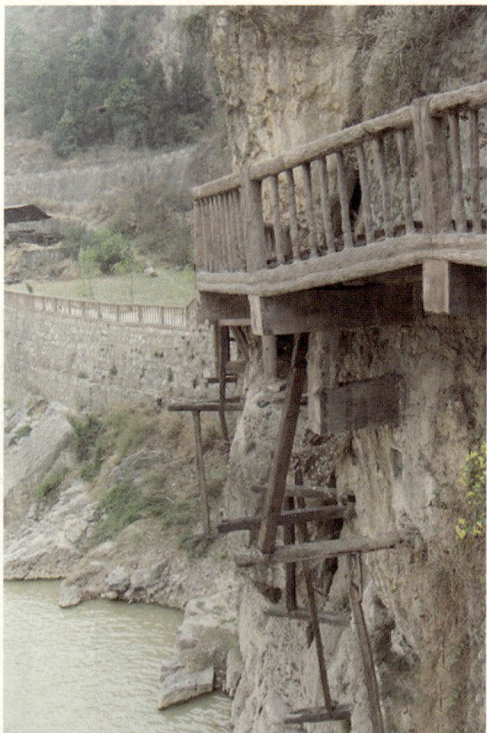

古栈道

夏日绝句

宋·李清照

生当作人杰，
死亦为鬼雄。
至今思项羽，
不肯过江东。

汉高祖刘邦像

垓下古城遗址　安徽蚌埠

45

wén　jǐng　zhì　　　guó　yīn　shí
文 景 治　　国 殷 实

hàn　wǔ　dì　　　kāi　jiāng　yù
汉 武 帝　　开 疆 域

　　西汉初年，经济萧条，到处是一片荒凉的景象。汉高祖及其后的汉文帝、汉景帝等，吸取秦灭的教训，采用"休养生息"的办法，减轻农民负担，注重发展农业生产。文景时期，提倡节俭，社会比较安定，经济得到发展，史称"文景之治"。

　　汉武帝刘彻时，他大刀阔斧地进行改革，罢黜百家，独尊儒术；征战匈奴，开通西域。他的雄才大略、文治武功，使汉朝成为当时世界上最强大的国家。

文史百科

长安

　　长安，意为"长治久安"，现今西安城的旧称，居我国六大古都之首。与开罗、雅典、罗马并称"世界四大古都"。

　　从公元前11世纪到公元10世纪左右，先后有周、秦、西汉、隋、唐等13个朝代或政权在长安建都及建立政权，历时1100余年。

西汉·彩绘雁鱼铜灯

46

汉文帝

北宋·王安石

轻刑死人众，丧短生者偷。
仁者自此薄，哀哉不能谋。
露台惜百金，灞陵无高丘。
浅恩施一时，长患被九州。

汉·青铜镜

汉孝武帝茂陵　陕西咸阳

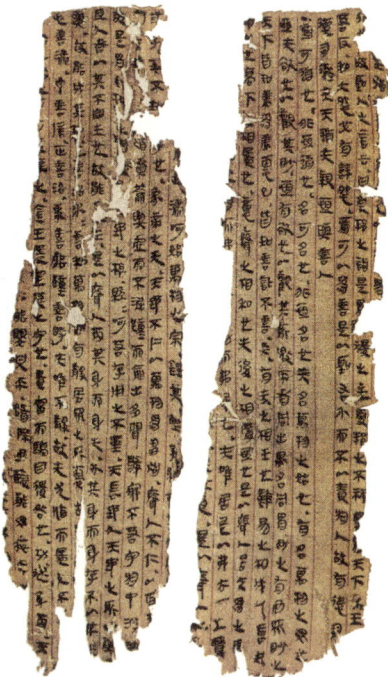

马王堆汉墓出土的帛书《老子》

李 将 军　战 匈 奴

lǐ jiāng jūn　zhàn xiōng nú

霍 去 病　狼 居 胥

huò qù bìng　láng jū xū

　　汉朝出现了三位抗击匈奴的名将——李广、卫青、霍去病。李广身经百战，令匈奴闻风丧胆，被誉为"飞将军"。卫青在征战匈奴中立下了赫赫战功，官拜大将军。霍去病十八岁参战，英年早逝，其陵墓前石雕"马踏匈奴"铭刻着这位年轻将领的丰功伟绩。

　　汉元帝时陈汤在奏疏中写道"明犯强汉者，虽远必诛！"显示了大汉王朝抵御侵略的决心和必胜的信念！

文史百科

匈奴

　　匈奴是在汉朝时称雄中原以北的一个强大的游牧民族，公元前215年被强大的秦军逐出黄河河套地区。到了汉朝时候，他们再度强大，在东汉时分裂，南匈奴进入中原内附，北匈奴从漠北西迁，中间经历了约300年。

马踏匈奴　霍去病墓　陕西兴平

塞下曲

唐·卢纶

林暗草惊风，将军夜引弓。
平明寻白羽，没在石棱中。

出塞

唐·王昌龄

秦时明月汉时关，万里长征人未还。
但使龙城飞将在，不教胡马度阴山。

狼居胥山

"汉将李广"钱

李广信印

东方童铭

<pre>
sī   chóu lù   zhāng qiān pì
丝   绸   路   张   骞   辟

sī   mǎ   qiān   zhuàn shǐ   jì
司   马   迁   撰   史   记
</pre>

汉武帝时，为了联合大月氏抗击匈奴，张骞奉命出使西域，被匈奴扣押11年，逃脱之后辗转到大月氏。虽然最终没能进行联合，但是却了解了西域的经济文化情况，开创了东西方文化交流的丝绸之路。

苏武是汉武帝时派往匈奴的使臣，被匈奴扣押在北海牧羊19年。他热爱祖国，坚贞不屈，终返祖国，成为千古佳话。

历史学家司马迁，身受腐刑，惨遭不幸，却以坚强的意志编写了中国第一部纪传体通史《史记》，记录了从黄帝到汉武帝初期三千多年的历史，被鲁迅先生誉为"史家之绝唱，无韵之《离骚》"。

文史百科

丝绸之路

西汉时期，张骞出使西域，开通了一条东西方交通的要道，从长安往西，经过河西走廊，到达我国新疆地区，经过西亚再到欧洲，这就是历史上著名的丝绸之路。

玉门关　甘肃敦煌

题苏武牧羊图

元·杨维桢

未入麒麟阁，时时望帝乡。
寄书元有雁，食雪不离羊。
旄尽风霜节，心悬日月光。
李陵何以别，涕泪满河梁。

清·任颐《苏武牧羊》

张骞像

司马迁像

măng cuàn hàn　　xīn cháo zhì
莽 篡 汉　　新 朝 制

guāng wǔ xīng　　hàn shèng shì
光 武 兴　　汉 盛 世

　　西汉末期，外戚王莽篡夺皇权，建立了新朝。他征用民夫，加重捐税，纵容残酷的官吏，对老百姓压榨，加上一连串的天灾，逼得农民走投无路，纷纷起义。

　　刘秀在南阳起兵反抗王莽新朝，昆阳之战中以少胜多大败王莽。公元25年，刘秀在洛阳称帝，建立了东汉。为了纪念东汉的开国将领，汉明帝在南宫云台陈列了二十八位将军的画像，史称"云台二十八将"。

文史百科

洛阳

　　位于河南省西部，是我国唯一被命名为"神都"的城市，是中国建都最早、朝代最多、历时最长的都城，是我国六大古都之一，也是世界"四大圣城（耶路撒冷、麦加、洛阳、雅典）"之一。

　　洛阳因地处古洛水之北岸而得名。以洛阳为中心的河洛地区是华夏文明的重要发祥地。洛阳是中华民族的摇篮。

　　西汉定都长安，东汉定都洛阳。

新莽时期的钱范

读汉史

唐·李山甫

四百年间反覆寻，汉家兴替好沾襟。
每逢奸诈须按手，真遇英雄始醒心。
王莽弄来曾半破，曹公将去便平沈。
当时虚受君恩者，谩向青编作鬼林。

新莽时期的一刀平五千

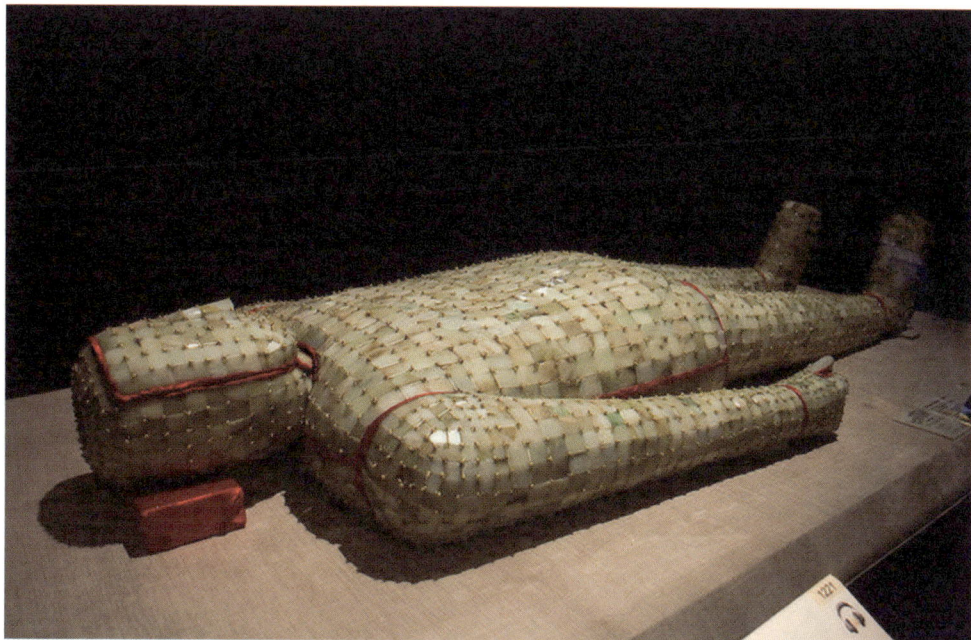

金缕玉衣　河北省博物馆

强项令　董郎直
qiáng xiàng lìng　dǒng láng zhí

佗与景　汉名医
tuó yǔ jǐng　hàn míng yī

洛阳令董宣尽职尽责，把湖阳公主的恶奴就地正法，在皇帝面前他也宁死不屈，被称为"强项令"。

东汉末年出现了很多名医，华佗发明了麻沸散，编创了五禽戏。"医圣"张仲景编写的《伤寒杂病论》，是一部影响深远的医学著作。

西汉·马蹄金

洛阳丽景门　洛阳西关

诗文链接

塞下曲

唐·李益

伏波惟愿裹尸还，
定远何须生入关。
莫遣只轮归海窟，
仍留一箭射天山。

东汉·《曹全碑》隶书（局部）

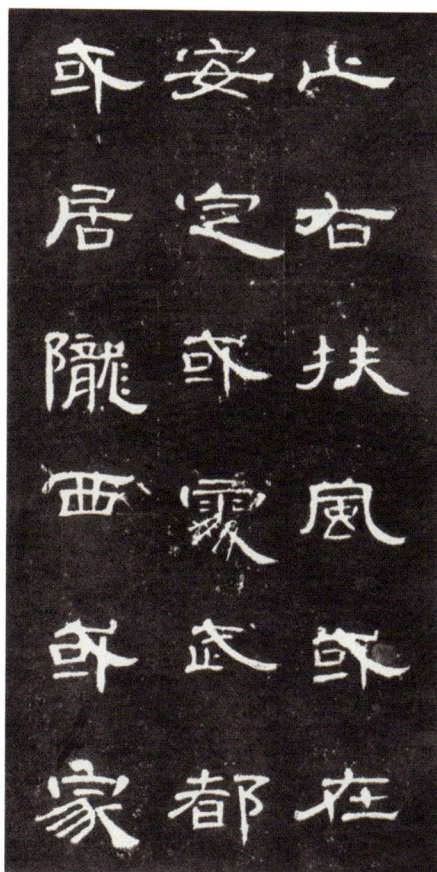

华佗像

東方童銘

dì nián yòu　　huàn guān qī
帝 年 幼　　宦 官 欺

zhǎn huáng jīn　　qún xióng qǐ
斩 黄 巾　　群 雄 起

东汉后期，由于皇帝年幼，外戚和宦官争夺皇权。张角创立了"太平道"，发动百姓在甲子年（184）起义，天下响应，京师震动。灵帝慌忙调集各地精兵，进剿黄巾军。各地豪强地主也纷纷起兵，配合官军镇压起义。

在镇压黄巾起义的过程中，群雄四起，董卓趁乱霸占京师，废少帝，立献帝，把持朝政。董卓生性残虐，当权后横征暴敛，激起了民愤，后来董卓被王允以"连环计"所杀。

文史百科

《三国演义》

《三国演义》全称《三国志通俗演义》，它是中国古代第一部长篇章回体历史演义小说，为四大名著（即《三国演义》《水浒传》《西游记》《红楼梦》）之一，是历史演义小说的经典之作。小说描写了东汉末年，天下大乱，群雄纷争，魏、蜀、吴三国相继崛起，成鼎足之势，演出了一幕"分久必合，合久必分"的历史大剧。作者为罗贯中，元末明初著名小说家、戏曲家，是中国章回小说的鼻祖。

黄巾军寨遗址　河北邢台

56

诗文链接

苍天已死，
黄天当立，
岁在甲子，
天下大吉。
——黄巾军起义口号

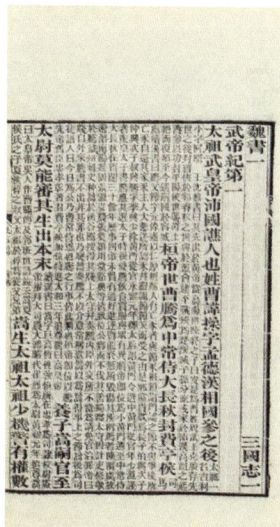

三国志

汉昭烈之陵（刘备陵）　四川成都

东汉·说唱俑

qīng méi jiǔ   yīng xióng yǔ
青 梅 酒   英 雄 语

guān dù zhàn   cáo cāo lì
官 渡 战   曹 操 立

　　曹操，东汉末年的政治家、军事家、诗人。许劭曾评价曹操"治世之能臣，乱世之奸雄"。曹操曾联合诸侯共讨董卓，与刘备煮酒论英雄。

　　公元200年，官渡之战爆发，曹操听从谋士许攸之计，火烧乌巢，以少数兵力大败袁绍，统一了中国北方大部分区域，奠定了曹魏立国的基础。

三国·鬼灶

文史百科

《三国志》

　　《三国志》是陈寿所著的一部主要记载魏、蜀、吴三国鼎立时期的纪传体国别史，详细记载了从魏文帝黄初元年（220）到晋武帝太康元年（280）60年的历史。

步出夏门行·龟虽寿

东汉·曹操

神龟虽寿，犹有竟时。

螣蛇乘雾，终为土灰。

老骥伏枥，志在千里。

烈士暮年，壮心不已。

盈缩之期，不但在天；

养怡之福，可得永年。

幸甚至哉，歌以咏志。

三国（魏）·"正始二年造"铜弩机

油画 赤壁之战

liàng hé yú
亮 和 瑜

yòng bīng qí
用 兵 奇

sūn lián liú
孙 联 刘

shāo chì bì
烧 赤 壁

　　为了得到更多的人才，刘备前往隆中，三顾茅庐拜访诸葛亮。诸葛亮提出了"三分天下"的战略方针。

　　公元208年，孙权、刘备联军在周瑜的指挥之下，同曹操作战。曹操为了减弱风浪的颠簸，下令将战船连在一起。针对曹操的"连环船"，黄盖诈降，火烧曹军，曹操大败。赤壁之战以后，三国鼎立的局面逐渐形成。

🐂 文史百科

三国时期的造船业

　　三国时期，以楼船为主力的水师十分强大。舰队中配备有各种作战舰只，有在舰队最前列的冲锋船"先登"，有用来冲击敌船的狭长战船"蒙冲"，有快如奔马的快船"赤马"，还有上下都用双层板的重武装船"槛"。当然，楼船是最重要的船舰，是水师的主力。楼船是汉朝有名的船型，它的建造和发展也是造船技术高超的标志。当时吴国造的最大楼船上下五层，可载3000名战士。

古隆中　湖北襄樊

念奴娇·赤壁怀古

宋·苏轼

　　大江东去，浪淘尽，千古风流人物。故垒西边，人道是，三国周郎赤壁。乱石穿空，惊涛拍岸，卷起千堆雪。江山如画，一时多少豪杰。

　　遥想公瑾当年，小乔初嫁了，雄姿英发，羽扇纶巾，谈笑间，樯橹灰飞烟灭。故国神游，多情应笑我，早生华发。人生如梦，一尊还酹江月。

周瑜墓　安徽合肥

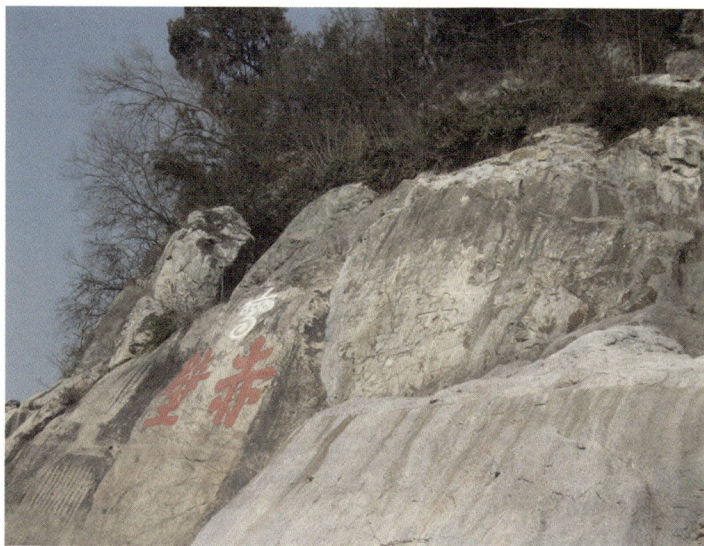

赤壁古战场　湖北咸宁

东方童铭

xī guān yǔ　　 mài chéng qù

惜 关 羽　　 麦 城 去

shāo lián yíng　　 shù bǎi lǐ

烧 连 营　　 数 百 里

关羽被后人称为"武圣"。荆州之战，关羽和儿子关平被孙权杀害。刘备不听丞相诸葛亮和赵云的劝告，决定倾全国之力，攻打吴国，为关羽报仇。孙权在几次求和不成的情况下，只好派出年轻的陆逊为都督，前去迎战。陆逊火烧连营，刘备大败，逃至白帝城，急召诸葛亮托付后事，不久他就病逝了。

文史百科

三国鼎立

公元 220 年，曹丕称帝，建立魏国。公元 221 年，刘备称帝，建立蜀国。公元 222 年，孙权称王，建立吴国。

汉寿亭侯关羽墓　湖北当阳

赞关羽

明·罗贯中

桃园结义过山岳，
世同生死共刘张。
开基剿灭黄巾寇，
勇烈英明播四方。
酒尚温时华雄丧，
马恰到处车胄亡。
不降曹公只降汉，
一宅分为两院墙。

夷陵古战场　湖北宜昌

白帝城　重庆

東方童铭

<ruby>有<rt>yǒu</rt></ruby> <ruby>三<rt>sān</rt></ruby> <ruby>曹<rt>cáo</rt></ruby>　　<ruby>又<rt>yòu</rt></ruby> <ruby>七<rt>qī</rt></ruby> <ruby>子<rt>zǐ</rt></ruby>

<ruby>建<rt>jiàn</rt></ruby> <ruby>安<rt>ān</rt></ruby> <ruby>骨<rt>gǔ</rt></ruby>　　<ruby>慷<rt>kāng</rt></ruby> <ruby>慨<rt>kǎi</rt></ruby> <ruby>辞<rt>cí</rt></ruby>

　　"三曹"是指曹操、曹丕、曹植父子三人。曹植才华出众，因《七步诗》而名扬后世。"建安七子"的诗歌描写了社会的动乱和百姓的疾苦，又表现了希望统一天下的理想和壮志，有着鲜明的"慷慨悲凉"的时代风格，被称为"建安风骨"或"魏晋风骨"。

文史百科

建安文学与"建安七子"

　　"建安"是汉献帝时期的年号，"建安文学"通常指从汉末到魏初这个时期的文学。"七子"之称，始于曹丕所著《典论·论文》，包括孔融、陈琳、王粲、徐幹、阮瑀、应玚、刘桢。

建安七子

观沧海

东汉·曹操

东临碣石，以观沧海。
水何澹澹，山岛竦峙。
树木丛生，百草丰茂。
秋风萧瑟，洪波涌起。
日月之行，若出其中。
星汉灿烂，若出其里。
幸甚至哉，歌以咏志。

三曹塑像

曹操纪念馆　安徽亳州

七步诗

三国·曹植

煮豆持作羹，
漉豉以为汁。
萁在釜下燃，
豆在釜中泣。
本自同根生，
相煎何太急？

sī mǎ yì　　gāo píng líng
司 马 懿　　高 平 陵
fēn jiǔ hé　　jìn tǒng yī
分 久 合　　晋 统 一

　　司马懿，字仲达，是魏国杰出的政治家、军事家。曹芳即位后，司马懿奉命与曹爽共掌朝政，曹爽密谋篡位，司马懿托病，趁机在高平陵发动兵变，从此曹魏的军政大权完全落入司马懿的手中，为司马氏取代曹魏奠定了基础。

🐂 文史百科

南京

　　古称"石头城"，三国时期孙权在此建都，名为"建业"，是南京为国都之始。吴、东晋、宋、齐、梁、陈合称六朝均在南京建都，故南京被称为六朝古都。历史上南京又被称为建康、金陵、江宁、集庆、应天、京师、天京等。

南京古城墙

西塞山怀古

唐·刘禹锡

王濬楼船下益州，
金陵王气黯然收。
千寻铁锁沉江底，
一片降幡出石头。
人世几回伤往事，
山形依旧枕寒流。
今逢四海为家日，
故垒萧萧芦荻秋。

晋武帝 司马炎 阎立本《历代帝王图》

黄鹤楼 湖北武汉

剑门关 四川广元

67

八 王 乱　东 晋 起
bā wáng luàn　dōng jìn qǐ

泲 水 战　南 北 峙
féi shuǐ zhàn　nán běi zhì

　　晋惠帝时期，先后有八个王为了争夺皇位，展开了长达16年的混战，史称八王之乱。永嘉五年（311），残暴的匈奴军队攻入洛阳，俘虏晋怀帝，他们烧杀抢夺，把洛阳变成了人间地狱，这就是永嘉之乱。

　　公元383年，前秦皇帝苻坚指挥80万大军，入侵东晋，东晋宰相谢安指挥若定，以8万士卒大获全胜，留下了"八公山上，草木皆兵"的典故。这就是著名的泲水之战。

　　自从西晋灭亡以后，南北方长期分裂。北方先后出现了十几个国家，后来被北魏统一在一起，北朝由此开始。南方在东晋灭亡后，也先后出现了宋、齐、梁、陈四个政权，统称为南朝。

文史百科

五胡十六国

　　是指自西晋末年到北魏统一北方期间，曾在中国北部境内建立政权的五个北方民族及其所建立的政权。五胡指匈奴、鲜卑、羯、氐、羌。十六国指前凉、后凉、南凉、西凉、北凉、前赵、后赵、前秦、后秦、西秦、前燕、后燕、南燕、北燕、夏、成汉。

王导谢安纪念馆　江苏南京

江南春

唐·杜牧

千里莺啼绿映红，
水村山郭酒旗风。
南朝四百八十寺，
多少楼台烟雨中。

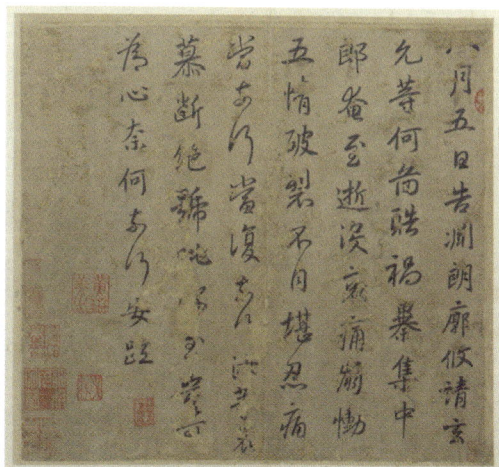

谢安《中郎帖》

淝水之战

fú   tú   kū   dūn huáng bì
浮 屠 窟　　敦 煌 壁

kǎi zhī huà   xíng shén jù
恺 之 画　　形 神 具

　　石窟，是指开凿在悬崖峭壁或者洞穴中的佛像。南北朝时期，统治者为宣扬佛教，开凿了许多石窟。其中著名的有甘肃敦煌的莫高窟、山西大同的云冈石窟和河南洛阳的龙门石窟。

　　王羲之是中国历史上最著名的大书法家，被后人尊为"书圣"。他的代表作是《兰亭集序》，真迹《快雪时晴帖》现收藏在台北"故宫博物院"。顾恺之多才，工诗赋，善书法，被称为"才绝、画绝、痴绝"。他的"以形写神"对中国画有深远影响。

■ 文史百科

《兰亭序》

　　又名《兰亭宴集序》《兰亭集序》《临河序》《禊序》和《禊帖》，是东晋穆帝永和九年（353）三月三日，王羲之与谢安、孙绰等四十一人，在山阴（今浙江绍兴）兰亭"修禊"，会上各人作诗，王羲之为他们的诗写的序文手稿。《兰亭序》中记叙兰亭周围山水之美和聚会的欢乐之情，抒发作者好景不长、生死无常的感慨。法帖相传之本，共二十八行，三百二十四字，章法、结构、笔法都很完美，是王羲之的代表作品。

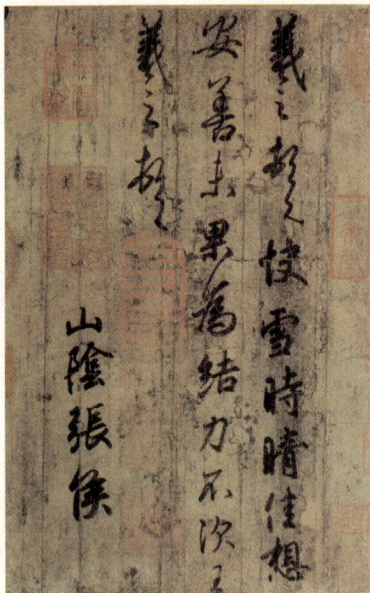

王羲之　《快雪时晴帖》

是日也，天朗气清，惠风和畅，仰观宇宙之大，俯察品类之盛，所以游目骋怀，足以极视听之娱，信可乐也。

———晋·王羲之《兰亭集序》

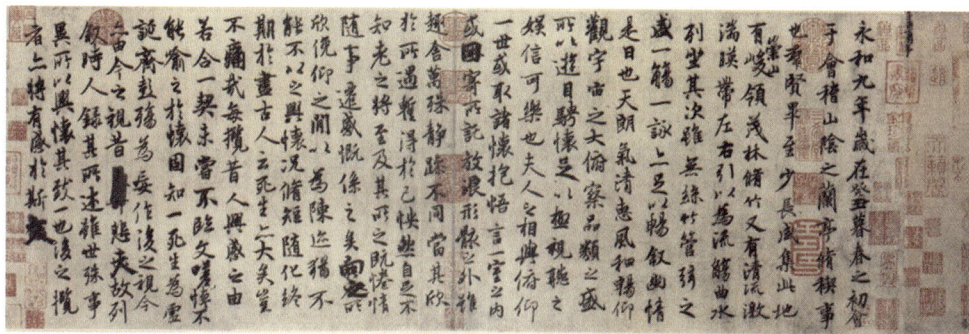

王羲之《兰亭集序》（摹本）

敦煌莫高窟壁画《飞天》

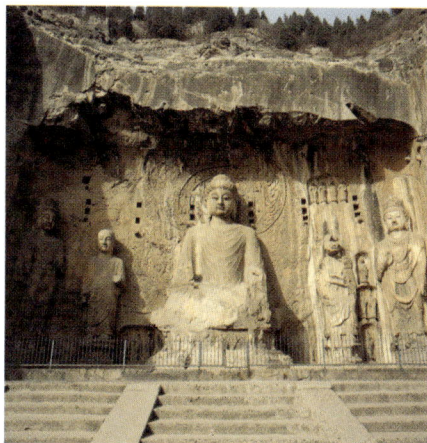

卢舍那佛　龙门石窟

汉乐府　有双璧
三都赋　大明历

hàn yuè fǔ　　yǒu shuāng bì
sān dōu fù　　dà míng lì

　　隋恭帝义宁年间，突厥犯边，花木兰女扮男装，代父从军，征战疆场回朝后，封为尚书。《孔雀东南飞》是我国文学史上第一部长篇叙事诗，《孔雀东南飞》与《木兰诗》并称"乐府双璧"。

　　《三都赋》是晋朝时期左思的作品，历时十年所作，一时被传为经典，以至于"洛阳纸贵"。

　　祖冲之是我国杰出的数学家，科学家，南北朝时期人。他计算出圆周率在 3.1415926 和 3.1415927 之间，相当于精确到小数第 7 位。《大明历》是祖冲之制定的一部天文历法，祖冲之首次引入了"岁差"的概念，从而使历法更加精确，这是中国第二次较大的历法改革。

文史百科

乐府

　　乐府是自秦代以来设立的配置乐曲、训练乐工和采集民歌的专门官署，汉乐府指由汉时乐府机关所采制的诗歌。这些诗，原本在民间流传，经由乐府保存下来，汉人叫作"歌诗"，魏晋时始称"乐府"或"汉乐府"。后世文人仿此形式所作的诗，亦称"乐府诗"。

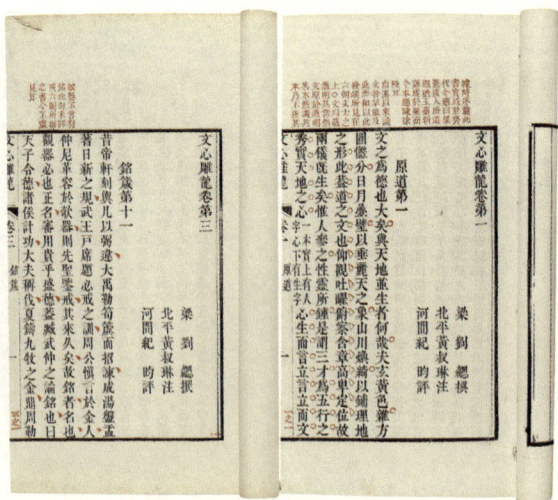

清刻本《文心雕龙》

饮酒

东晋·陶渊明

结庐在人境，而无车马喧。
问君何能尔？心远地自偏。
采菊东篱下，悠然见南山。
山气日夕佳，飞鸟相与还。
此中有真意，欲辨已忘言。

祖冲之像

明·马轼《归去来兮图》 辽宁省博物馆

<kāi huáng zhì>
开 皇 治　　始 科 举

<shǐ kē jǔ>

<suí yáng dì>
隋 炀 帝　　征 高 丽

<zhēng gāo lí>

公元581年，杨坚登基，建立了隋朝。他不仅完成统一中国的大业，还使隋朝成为政权稳固、社会安定、文化发展的强盛国家，后人将隋文帝的大治誉为"开皇之治"。隋朝形成了科举制，使科举考试成为中国历史上一种十分重要的选拔官员的制度。

隋朝的第二位皇帝隋炀帝杨广，是隋文帝次子，他继位后一统江山、修通运河、西巡张掖、开创科举、开发西域，但为了个人的享受，他又大兴土木，兴建东都洛阳，开凿京杭大运河，三次远征高丽，是历史上著名的暴君。

文史百科

京杭大运河

京杭大运河，是世界上里程最长、工程最大、最古老的运河之一，与万里长城并称为中国古代两项伟大工程。大运河北起北京（涿郡），南到杭州（余杭），途经北京、天津两市及河北、山东、江苏、浙江四省，贯通海河、黄河、淮河、长江、钱塘江五大水系，全长约1797公里，开凿到现在已有1400年的历史，其部分河段至今仍是交通要道。

隋文帝杨坚像

74

汴河怀古（其二）

唐·皮日休

尽道隋亡为此河，
至今千里赖通波。
若无水殿龙舟事，
共禹论功不较多。

隋朝·四门塔

赵州桥　河北石家庄

瓦岗军　有李密
唐国公　晋阳起

wǎ gāng jūn　yǒu lǐ mì
táng guó gōng　jìn yáng qǐ

隋朝末年，农民起义席卷全国大部分地区，其中李密领导的瓦岗军攻下隋朝最大的粮仓兴洛仓，把粮食分给百姓，受到百姓的欢迎。

隋朝唐国公李渊见隋朝大势已去，于是在晋阳起兵，短短几年时间平定天下，建立了唐朝，定都长安，他就是唐高祖。

秦王李世民在长安玄武门杀死太子李建成和齐王李元吉。不久李世民即位，年号贞观。唐太宗时，社会出现了安宁的局面，史称贞观之治。

文史百科

兴洛仓

兴洛仓也叫洛口仓，隋大业二年（606），在巩县东南兴建，把从江南经大运河运来的粮食囤积于此。当时兴洛仓的仓城周围20余里，可容纳粮食2400万石，是当时全国最大的粮仓，设官兵千人防守。

大业十二年（616），翟让和李密的瓦岗军占领兴洛仓后，立即开仓放粮，赈济饥民，瓦岗军的队伍也得到迅速发展，短时间内猛增至几十万人。瓦岗军在这里建立了农民政权，李密自立为魏公。

唐高祖李渊像

隋宫

唐·李商隐

紫泉宫殿锁烟霞，
欲取芜城作帝家。
玉玺不缘归日角，
锦帆应是到天涯。
于今腐草无萤火，
终古垂杨有暮鸦。
地下若逢陈后主，
岂宜重问后庭花。

唐高祖李渊赐名的法门寺　陕西宝鸡

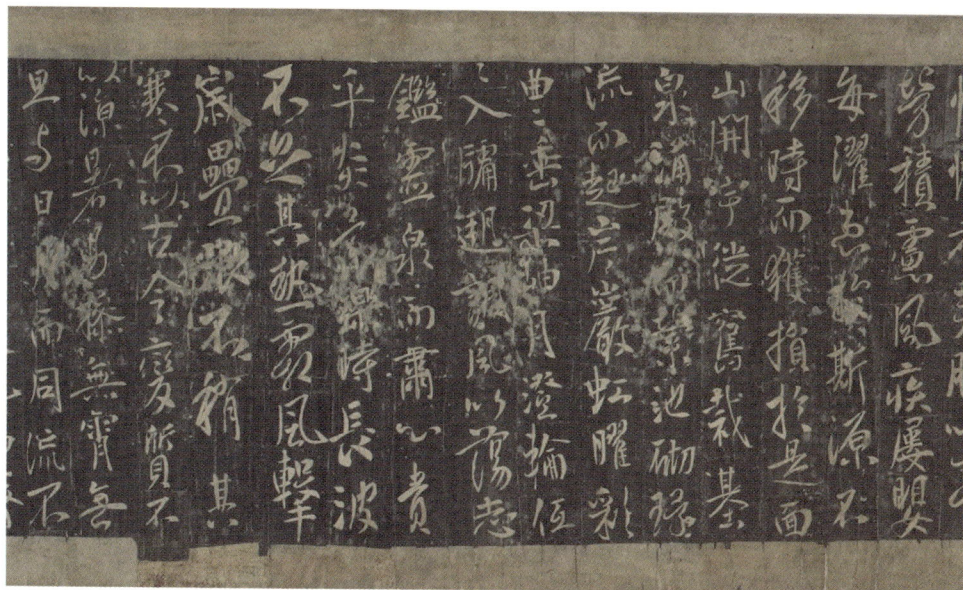

唐太宗李世民手迹（拓片）

táng tài zōng　　zhēn guàn zhì
唐 太 宗　　贞 观 治

wèi zhēng yán　　zhòng xué shì
魏 征 言　　众 学 士

　　唐太宗时，名相房玄龄多谋，杜如晦善断。二人同心辅政，传为美谈。

　　魏征是中国历史上最负盛名的谏臣，作为太宗的重要辅佐，他曾恳切要求太宗使他充当对治理国家有用的"良臣"，而不要使他成为对皇帝一人尽职的"忠臣"，曾先后进谏200多次，劝诫唐太宗以历史的教训为鉴，励精图治，任贤纳谏，本着仁义行事。

文史百科

十八学士

　　唐太宗在做秦王时建"文学馆"，收聘贤才，以杜如晦、房玄龄等十八人并为学士。复命画家阎立本为十八学士画像，即为《十八学士图》，褚亮题赞。当时被唐太宗选入文学馆者被称为"登瀛洲"，后人又称"十八学士登瀛洲"。

房谋杜断　陕西西安

以铜为鉴，可以正衣冠；以史为鉴，可以知兴替；以人为鉴，可以明得失。

——唐太宗

人，水也；君，舟也。水能载舟，亦能覆舟。

——唐太宗

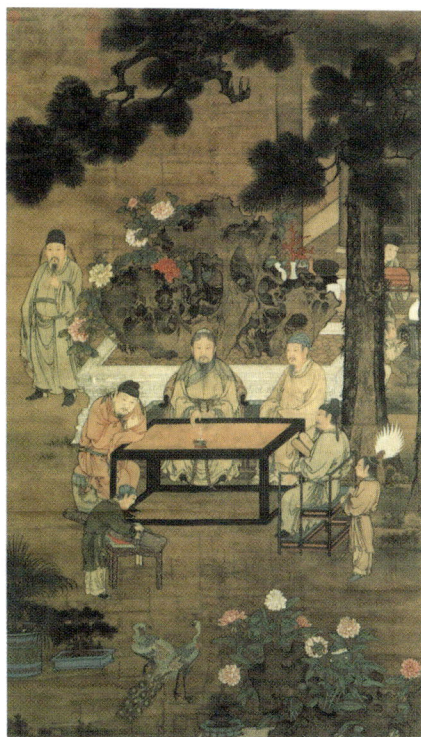

唐·阎立本《十八学士图》

昭陵六骏之飒露紫

79

千金方　大衍历
qiān jīn fāng　dà yǎn lì

僧玄奘　茶陆羽
sēng xuán zàng　chá lù yǔ

　　玄奘是唐代著名的翻译家、探险家和佛学大师。为钻研佛经，他到佛教发源地天竺求教，学成之后携带650多部佛经回到长安，专心翻译佛经。

　　陆羽，号竟陵子。他一生嗜茶，精于茶道，编著了世界第一部茶叶专著《茶经》，对中国茶业和世界茶业的发展做出了卓越贡献，被誉为"茶仙""茶圣"。

　　孙思邈是唐代著名道士、医药学家，被人称为"药王"，著有《千金方》。

　　一行，中国唐代著名的天文学家和佛学家，本名张遂。开元九年（721），玄宗命一行主持修编新历。一行一生中最主要的成就是编制《大衍历》。他在制造天文仪器、观测天象和主持天文大地测量方面也颇有贡献。

文史百科

茶道

　　茶道，就是品赏茶的美感之道。茶道被视为一种烹茶饮茶的生活艺术，一种以茶为媒的生活礼仪，一种以茶修身的生活方式。它通过沏茶、赏茶、闻茶、饮茶，增进友谊，美心修德，学习礼法。茶道精神是茶文化的核心，是茶文化的灵魂。

玄奘法师壁画

尝茶

唐·刘禹锡

生拍芳丛鹰嘴芽，
老郎封寄谪仙家。
今宵更有湘江月，
照出菲菲满碗花。

陕西药王山　孙思邈隐居之处

慈恩寺　陕西西安

东方童铭

wǔ zé tiān　　nǚ huáng dì
武 则 天　　女 皇 帝

dí rén jié　　táng shì dǐ
狄 仁 杰　　唐 室 砥

　　武则天是中国历史上唯一的女皇帝。她主政期间，政策稳定、兵略妥善、文化复兴、百姓富裕，故有"贞观遗风"的美誉。但武则天并非完人，她重用酷吏、滥杀无辜，晚年好大喜功，生活奢靡。

　　狄仁杰是武则天时期杰出的宰相。狄仁杰为官，敢于拂逆君主之意，始终保持体恤百姓、不畏权势的本色，后人称之为"唐室砥柱"。

唐·韩滉《五牛图》

文史百科

乾陵无字碑

　　乾陵位于陕西咸阳市乾县，是唐高宗李治和武则天的合葬陵，乾陵的东侧是武则天的无字碑。

　　无字碑用一块完整的巨石雕凿而成，高7.53米，宽2.1米，厚1.49米，重量达98.9吨，给人以凝重厚实、浑然一体的美感。碑额未题碑名，只有碑首雕刻了八条螭龙，巧妙地缠绕在一起，鳞甲分明，筋骨裸露，静中寓动，生气勃勃。

82

狄仁杰

宋·徐钧

天理何曾一日亡，
始终感悟为存唐。
平生独有知人鉴，
身后功名付老张。

狄仁杰墓　河南洛阳

武则天乾陵　无字碑

kāi yuán shì　　　ní cháng qǔ
开 元 世　　　霓 裳 曲

ān shǐ luàn　　　mǎ wéi yì
安 史 乱　　　马 嵬 驿

　　唐玄宗治国初期，以开元作为年号。那时玄宗励精图治，并且任用贤能，发展经济，提倡文教，使得天下大治，史称"开元盛世"。在玄宗后期，政治腐败，奸人当权，各种矛盾的不断激化，终于爆发了节度使安禄山、史思明起兵反对唐王朝的一次叛乱，史称安史之乱。

　　唐末农民起义首领黄巢号称"冲天大将军"。他率众起义，并借咏叹菊花来形容势不可挡的义军力量。

🐂 文史百科

《长恨歌》

　　《长恨歌》是一首千古传诵的长诗，全诗120句，840字。是唐代大诗人白居易的代表作之一。一次，白居易和朋友到仙游寺游玩。偶然间谈到了唐明皇与杨贵妃的这段悲剧故事，大家都很感叹，于是白居易就应大家的要求写了一首长诗，以传后世。诗中留下了很多名句，如：

　　在天愿作比翼鸟，在地愿为连理枝。

　　天长地久有时尽，此恨绵绵无绝期。

唐大明宫（影视资料）

不第后赋菊

唐·黄巢

待到秋来九月八，
我花开后百花杀。
冲天香阵透长安，
满城尽带黄金甲。

杨贵妃墓　陕西兴平

"开元盛世"雕塑　陕西西安

táng sì jié　téng wáng xù
唐 四 杰　　滕 王 序
biān sài shī　shān shuǐ qù
边 塞 诗　　山 水 趣

初唐文学家王勃、杨炯、卢照邻、骆宾王以文诗齐名，被称为"初唐四杰"。他们反对华而不实的文风，抒发真情实感，反映了广阔的社会生活。又为五言律诗奠定了基础，并把七言古诗推向了成熟阶段，为盛唐之音的到来做出了不可磨灭的贡献。

盛唐的诗坛上，活跃着两个风格迥异的诗派——山水田园诗派和边塞诗派。山水田园诗派描写大自然中山川河流的景色和田园风光，以王维、孟浩然为代表，并称"王孟"。苏轼称赞王维的诗画："谓摩诘之诗，诗中有画；谓摩诘之画，画中有诗。"边塞诗派描写边疆的景象和战争的场面，以高适、岑参、王昌龄为代表。

文史百科

滕王阁

滕王阁位于江西省南昌市西北部沿江路赣江东岸，始建于唐朝永徽四年，它与湖北黄鹤楼、湖南岳阳楼为并称为"江南三大名楼"，因初唐才子王勃作《滕王阁序》让其在三楼中最早天下扬名，故又被誉为"江南三大名楼"之首。历史上的滕王阁先后共重建达29次之多，屡毁屡建，今日之所见滕王阁为1989年重建。

滕王阁　江西南昌

山居秋暝

唐·王维

空山新雨后，天气晚来秋。明月松间照，清泉石上流。
竹喧归浣女，莲动下渔舟。随意春芳歇，王孙自可留。

送杜少府之任蜀州

唐·王勃

城阙辅三秦，风烟望五津。
与君离别意，同是宦游人。
海内存知己，天涯若比邻。
无为在岐路，儿女共沾巾。

别董大

唐·高适

千里黄云白日曛，
北风吹雁雪纷纷。
莫愁前路无知己，
天下谁人不识君！

唐武士像

lǐ tài bái　　shī piāo yì
李 太 白　　诗 飘 逸

dù zǐ měi　　shī dùn yù
杜 子 美　　诗 顿 郁

　　唐代是我国古典诗歌发展的全盛时期。李白，字太白，号青莲居士，是唐代著名浪漫主义诗人，被后人誉为"诗仙""谪仙"。

　　杜甫，字子美，世称杜工部、杜拾遗，自号少陵野老，是盛唐时期伟大的现实主义诗人，人称"诗圣"。郭沫若曾评价杜甫："世上疮痍，诗中圣哲，民间疾苦，笔底波澜。"

唐·李白《上阳台帖》

文史百科

唐代诗人的别称

诗骨——陈子昂	诗杰——王 勃	诗狂——贺知章
诗仙——李 白	诗圣——杜 甫	诗囚——孟 郊
诗奴——贾 岛	诗豪——刘禹锡	诗佛——王 维
诗魔——白居易	诗鬼——李 贺	诗家天子、七绝圣手——王昌龄

88

将进酒

唐·李白

君不见黄河之水天上来，
奔流到海不复回。
君不见高堂明镜悲白发，
朝如青丝暮成雪。
人生得意须尽欢，莫使金樽空对月。
天生我材必有用，千金散尽还复来。
烹羊宰牛且为乐，会须一饮三百杯。
岑夫子，丹丘生，将进酒，杯莫停。
与君歌一曲，请君为我倾耳听。
钟鼓馔玉不足贵，但愿长醉不复醒。
古来圣贤皆寂寞，惟有饮者留其名。
陈王昔时宴平乐，斗酒十千恣欢谑。
主人何为言少钱，径须沽取对君酌。
五花马，千金裘，呼儿将出换美酒，
与尔同销万古愁。

诗仙李白

闻官军收河南河北

唐·杜甫

剑外忽传收蓟北，初闻涕泪满衣裳。
却看妻子愁何在，漫卷诗书喜欲狂。
白日放歌须纵酒，青春作伴好还乡！
即从巴峡穿巫峡，便下襄阳向洛阳。

诗圣杜甫

东方童铭

pí pa xíng　　　bái jū yì
琵琶行　白居易

hán liǔ wén　　　zǎi dào yì
韩柳文　载道义

　　白居易，字乐天，号香山居士，唐代伟大的现实主义诗人。他的诗歌题材广泛，语言平易通俗，有"诗魔"之称。代表诗作有《长恨歌》《卖炭翁》《琵琶行》等。

　　韩愈，字退之，世称韩昌黎，唐代文学家、哲学家。

　　柳宗元，字子厚，世称柳河东，唐代文学家、哲学家。在文学成就上，韩愈同柳宗元齐名，并称为"韩柳"。

文史百科

古文运动

　　古文运动是指唐代中叶及北宋时期以提倡古文、反对骈文为特点的文体改革运动。因同时涉及文学的思想内容，所以兼有思想运动和社会运动的性质。"古文"这一概念由韩愈最先提出。他把六朝以来讲求声律及辞藻、排偶的骈文视为俗下文字，认为自己的散文继承了先秦两汉文章的传统，所以称"古文"。韩愈提倡古文，目的在于恢复古代的儒学道统，将改革文风与复兴儒学变为相辅相成的运动。在提倡古文时，进一步强调要以文明道。除唐代的韩愈、柳宗元外，宋代的欧阳修、王安石、曾巩、苏洵、苏轼、苏辙等人也是其中的代表性人物。

白居易墓　河南洛阳

90

诗文链接

赋得古原草送别

唐·白居易

离离原上草，一岁一枯荣。
野火烧不尽，春风吹又生。
远芳侵古道，晴翠接荒城。
又送王孙去，萋萋满别情。

韩愈像

卖炭翁

唐·白居易

卖炭翁，伐薪烧炭南山中。
满面尘灰烟火色，两鬓苍苍十指黑。
卖炭得钱何所营？身上衣裳口中食。
可怜身上衣正单，心忧炭贱愿天寒。
夜来城外一尺雪，晓驾炭车辗冰辙。
牛困人饥日已高，市南门外泥中歇。
翩翩两骑来是谁？黄衣使者白衫儿。
手把文书口称敕，回车叱牛牵向北。
一车炭，千余斤，宫使驱将惜不得。
半匹红绡一丈绫，系向牛头充炭直。

西安大明宫遗址公园　丹凤门

páo jiā shēn　　bēi jiǔ jì
袍 加 身　　杯 酒 计

yú měi rén　　cí zhōng dì
虞 美 人　　词 中 帝

　　唐朝灭亡后，在中原一带相继出现了后梁、后唐、后晋、后汉、后周五个政权，史称"五代"。五代时，在南方和河东地区，还先后存在过十个割据政权，史称"十国"。

　　后周世宗柴荣广泛收罗人才，推行改革，在政治、经济和军事上均有成就。公元959年，周世宗去世，年幼的周恭帝继位，次年后周大将赵匡胤率军出大梁，在陈桥驿黄袍加身发动兵变夺权，史称"陈桥兵变"。成为皇帝之后，宋太祖赵匡胤又通过"杯酒释兵权"逐渐把军权控制在自己的手里。

　　政治上毫无建树的南唐后主李煜在南唐灭亡后被北宋俘虏，但他却是中国历史上首屈一指的词人，被誉为"词中之帝"，作品《虞美人》《浪淘沙》等流传千古。

🐂 文史百科

"儿皇帝"石敬瑭

　　石敬瑭于公元936年5月起兵造反。他向契丹称臣，并无耻地以父礼事契丹帝耶律德光，称其为"父皇帝"，自称"儿皇帝"，许诺如助其登上帝位之后割燕云十六州给契丹，并每年进贡，因而争取了契丹的武力帮助。11月，契丹主作册书封石敬瑭为大晋皇帝，改元天福，国号晋。石敬瑭称帝后，割燕云十六州给契丹，成为辽南下掠夺中原的基地，使北方社会经济遭到严重破坏，贻害长达400年。

虞美人

南唐·李煜

春花秋月何时了，
往事知多少。
小楼昨夜又东风，
故国不堪回首月明中。
雕栏玉砌应犹在，
只是朱颜改。
问君能有几多愁，
恰似一江春水向东流。

陈桥兵变旧址

五代·顾闳中《韩熙载夜宴图》

93

<ruby>杨<rt>yáng</rt></ruby> <ruby>家<rt>jiā</rt></ruby> <ruby>将<rt>jiàng</rt></ruby>　　<ruby>多<rt>duō</rt></ruby> <ruby>捐<rt>juān</rt></ruby> <ruby>躯<rt>qū</rt></ruby>

<ruby>包<rt>bāo</rt></ruby> <ruby>青<rt>qīng</rt></ruby> <ruby>天<rt>tiān</rt></ruby>　　<ruby>秉<rt>bǐng</rt></ruby> <ruby>公<rt>gōng</rt></ruby> <ruby>义<rt>yì</rt></ruby>

北宋大将杨业（杨继业），奉命抗辽镇守边关，孤军奋战，身受几十处创伤仍坚持战斗，最后被俘，绝食而死。杨业死后，他的儿子杨延昭、孙子杨文广又继续为宋朝镇守边关。后人将杨家祖孙三代为宋抗辽的故事写成了《杨家将》，广泛流传。

包拯，北宋名臣，他为人正直刚毅，执法不避亲党，京师有"关节不到，有阎罗包老"之语，谥号"孝肃"，后世则把他当作清官的化身——包青天。

文史百科

景德镇

景德，是宋真宗时期（1004—1007）的年号。宋景德年间，宋真宗命昌南进御瓷，底书"景德年制"四字，因瓷器精美，天下皆称景德镇瓷器。北宋灭亡以后，北方许多著名窑场的优秀工匠纷纷来到景德镇，把当时北方先进的制瓷工艺带了过来，从而使景德镇的制瓷名扬天下。如今，景德镇已成为"中国瓷都"。

宋·景德镇窑青白瓷卷口暗纹瓶

阳关曲·军中

宋·苏轼

受降城下紫髯郎，
戏马台南旧战场。
恨君不取契丹首，
金甲牙旗归故乡。

开封府　河南开封

天波杨府　河南开封

yuè yáng lóu　　　　zuì wēng yì
岳 阳 楼　　　醉 翁 意

wáng ān shí　　　　zhōu dūn yí
王 安 石　　　周 敦 颐

范仲淹是宋朝时期著名的改革家。他在宋仁宗庆历三年（1043）开始变法，史称"庆历新政"。可惜不久因为保守派的反对而失败，范仲淹被贬。他的名作《岳阳楼记》中"先天下之忧而忧，后天下之乐而乐"，体现了一种忧国忧民、先人后己的高尚品格。

王安石是范仲淹之后的一位政治家、文学家。他曾经两度主持变法，最终以失败而告终。他被列宁誉为"中国十一世纪伟大的改革家"。

文史百科

爱莲说

《爱莲说》是北宋理学家周敦颐创作的一篇散文。文章通过对莲的形象和品质的描写，歌颂了莲花坚贞的品格，也表现了作者洁身自爱的高洁人格和洒脱的胸襟。其佳句"出淤泥而不染，濯清涟而不妖，中通外直，不蔓不枝，香远益清，亭亭净植，可远观而不可亵玩焉"成为千古绝唱，至今仍脍炙人口。

醉翁亭　安徽滁州

泊船瓜洲

宋·王安石

京口瓜洲一水间，
钟山只隔数重山。
春风又绿江南岸，
明月何时照我还。

王安石像

不以物喜，不以己悲；居庙堂之高则忧
其民，处江湖之远则忧其君。是进亦忧，退
亦忧。然则何时而乐耶？其必曰"先天下之
忧而忧，后天下之乐而乐"乎。

——宋·范仲淹《岳阳楼记》

岳阳楼　湖南岳阳

liáo qì dān shǐ yē lù
辽 契 丹 始 耶 律

jīn shèng shì guó bàn bì
金 盛 世 国 半 壁

大约在五代初年，辽河流域的契丹族在其杰出的首领耶律阿保机的领导下建立国家，公元947年改国号为辽。公元1115年，女真领袖完颜阿骨打称帝建国，国号大金。金国建立后联合宋朝灭掉了辽国，此后金国不断地拓展疆土，控制了北方大部分区域。

辽上京遗址　内蒙古赤峰

文史百科

渤海国

渤海国（698—926）是我国唐朝时期，以粟末靺鞨族为主体建立的地方民族政权。始建于武则天圣历元年（698），公元713年被唐朝册封为"渤海国"。辽太祖天显元年（926）被辽国所灭，传国十五世，历时229年。

伏虎林应制

辽·萧观音

威风万里压南邦，
东去能翻鸭绿江。
灵怪大千俱破胆，
那教猛虎不投降。

辽·绿釉皮囊壶

金·名僧舍利塔　北京昌平

辽·货币

dōng   jīng   zhàn   jìng   kāng   yì
东   京   战   靖   康   役

zhào   gòu   táo   lín   ān   qù
赵   构   逃   临   安   去

　　宋钦宗靖康年间，金围攻北宋都城东京，以李纲为首的抗战派的抗金斗争得到了人民的支持和尊敬，而投降派的可耻行径受到谴责和唾弃。东京解围后不久，金兵再度南下，攻陷东京，掳走宋徽宗、宋钦宗以及后妃、宗室、大臣等3000人。这一变故发生在宋钦宗靖康年间，史称"靖康之变"。金兵攻陷汴京，北宋灭亡后，赵构定都临安（今杭州）。

文史百科

卢沟桥

　　卢沟桥，亦作芦沟桥，在北京市西南永定河上，是北京市现存最古老的石造连拱桥。永定河旧称卢沟河，桥亦以卢沟命名。始建于金大定二十九年（1189），明正统九年（1444）重修。清康熙时毁于洪水，康熙三十七年（1698）重建。卢沟桥全长267米，宽7.6米，最宽处可达9.5米。有桥墩十座，共11孔，整个桥体都是石结构，关键部位均有银锭铁榫连接，两侧石雕护栏各有140条望柱，柱头上均雕有石狮，形态各异，据记载原有627个，现存501个。石狮多为明清之物，也有少量的金元遗存。

卢沟桥　北京

诗文链接

题临安邸

宋·林升

山外青山楼外楼，
西湖歌舞几时休。
暖风熏得游人醉，
直把杭州作汴州。

大金得胜陀颂碑　吉林扶余

金·腰牌

金·大定通宝

东方童铭

<pre>
hán shì zhōng   jiù huáng dì
韩   世   忠   救   皇   帝
pò   jīn jūn   shǔ liú   qí
破   金   军   属   刘   锜
</pre>

韩世忠是南宋著名抗金将领，他英勇善战，胸怀韬略，在抵抗金兵南侵中屡建战功。宋高宗赵构即位前曾在济州（今山东巨野）被金兵数万人马围困。世忠部下仅千人，他单人独骑，突入敌营，斩其酋长，致使金兵大溃。

刘锜也是南宋抗金将领，他带领将士浴血奋战，大破金兀术的铁浮屠、拐子马。

东京留守老将宗泽屡次击败金兵的入侵。老将宗泽在弥留之际，念念不忘北伐，最后连呼："过河！过河！过河！"含恨而终。

文史百科

铁浮屠、拐子马

"铁浮屠"是指金国的重装甲骑兵部队。也就是士兵身穿厚重盔甲，战马身披厚重护甲，以此来保护自己，使宋军无从入手。"拐子马"是指作战中"铁浮屠"呈齿状分割作战的一种阵法。此法据说为金国大将金兀术所创，后被刘锜、岳飞分别破解。

金太祖完颜阿骨打像

102

诗文链接

吾以二帝蒙尘，积愤至此。
汝等能歼敌，则我死无恨。

——宗泽

大宋濒危撑一柱，
英雄垂死尚三呼。

——宗泽墓联

至寶

韩世忠

韩世忠手迹

韩世忠墓 江苏苏州

103

yuè jiā jūn　　hàn shān yì
岳 家 军　　撼 山 易

jīng zhōng zì　　méng yuān qū
精 忠 字　　蒙 冤 屈

　　岳飞是我国历史上的爱国英雄、抗金名将，其精忠报国的精神深受人们敬佩。岳飞领导的军队纪律严明，英勇善战，被誉为"岳家军"。金贵族有"撼山易，撼岳家军难"的说法。

　　宋军在反击金的入侵中已取得一定的胜利，但宋高宗与宰相秦桧却主张议和。他们担心抗金力量壮大，威胁自己的统治。在向金求和的同时，宋高宗连下诏令，命岳飞等人班师回朝，解除了他们的兵权。随后又制造岳飞冤狱，终使岳飞被害。

文史百科

《说岳全传》

　　清朝小说，全称《精忠演义说本岳王全传》。题"仁和钱彩锦文氏编次"，"永福金丰大有氏增订"。钱、金二人生平均不详。共82回，描写了抗金名将岳飞的故事，大约是康熙至乾隆时期的作品。此书于清代乾隆年间被查禁。

岳飞墓　浙江杭州

满江红

宋·岳飞

怒发冲冠，凭栏处，潇潇雨歇。抬望眼、仰天长啸，壮怀激烈。三十功名尘与土，八千里路云和月。莫等闲，白了少年头，空悲切！

靖康耻，犹未雪；臣子恨，何时灭？驾长车，踏破贺兰山缺。壮志饥餐胡虏肉，笑谈渴饮匈奴血。待从头，收拾旧山河，朝天阙！

飞云江怀古

当代·秦野

风波亭内起风波，
飞云江畔忆飞云。
精忠报国沥肝胆，
还我河山浩气存！

秦桧夫妇跪像　浙江杭州

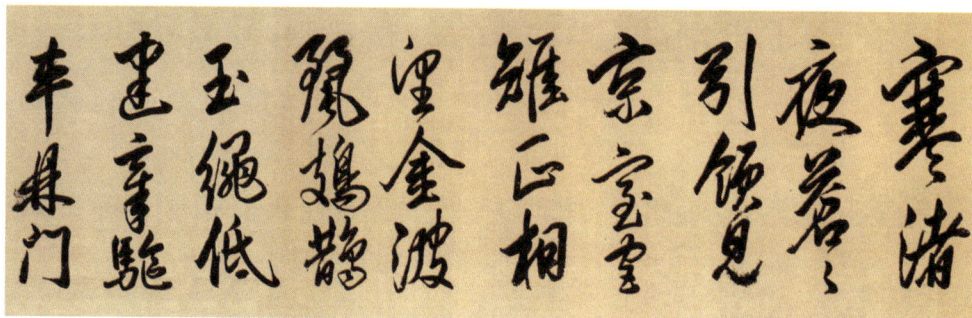

岳飞手迹《书谢朓诗》

shàng hé tú　　　fán huá shì
上 河 图　　繁 华 世
sì fā míng　　　mèng xī jì
四 发 明　　梦 溪 记

　　沈括是北宋时期伟大的科学家。晚年他以平生见闻，在镇江梦溪园撰写了笔记体巨著《梦溪笔谈》，被誉为"中国科学史的坐标"。毕昇是我国古代伟大的发明家。他发明的活字印刷术对后世印刷术乃至世界文明的进步，有着巨大而深远的影响。

　　《清明上河图》是北宋画家张择端的一幅绘画精品，描绘了清明时节北宋都城汴河两岸的繁华景象，是一幅弥足珍贵的画卷。

四大发明

文史百科

四大发明

　　中国古代的四大发明有：指南针、火药、活字印刷术和造纸术。

106

观书有感

宋·朱熹

半亩方塘一鉴开，
天光云影共徘徊。
问渠那得清如许？
为有源头活水来。

沈括故居梦溪园　江苏镇江

北宋·张择端《清明上河图》（局部）

wǎn yuē cí yǒu liǔ lǐ
婉 约 词　　有 柳 李

yáng liǔ àn nán jiāng xī
杨 柳 岸　　难 将 息

　　宋词是我国词史上的顶峰。其影响笼罩以后的整个词坛，使它与唐诗、元曲等并称。宋词分为"婉约派"和"豪放派"。

　　柳永，原名柳三变，是婉约派最具代表性的人物，他自称"奉旨填词柳三变"。他的词在当时流传极其广泛，人称"凡有井水饮处，皆能歌柳词"，对宋词的发展有重大影响。

　　李清照，号易安居士，宋代女词人，婉约词派代表。她被称为中国文学史上最伟大的一位女词人，有"千古第一才女"之美誉。

文史百科

南渡词人

　　南北宋之交的词人，亲历了"靖康之变"的剧变和颠沛流离的生活，词风均有明显的前后期变化，悲愤激切、忧患苦难，成为南渡后词的新主题。具有代表性的是李清照、叶梦得、张孝祥等。

李清照像　山东济南

如梦令

宋·李清照

昨夜雨疏风骤，
浓睡不消残酒。
试问卷帘人，
却道海棠依旧。
知否，知否，
应是绿肥红瘦。

声声慢

宋·李清照

寻寻觅觅，冷冷清清，凄凄惨惨戚戚。
乍暖还寒时候，最难将息。
三杯两盏淡酒，怎敌他晚来风急！
雁过也，正伤心，却是旧时相识。
满地黄花堆积，憔悴损，如今有谁堪摘？
守着窗儿，独自怎生得黑！
梧桐更兼细雨，到黄昏，点点滴滴。
这次第，怎一个愁字了得！

雨霖铃

北宋·柳永

寒蝉凄切，对长亭晚，骤雨初歇。
都门帐饮无绪，留恋处，兰舟催发。
执手相看泪眼，竟无语凝噎。
念去去，千里烟波，暮霭沉沉楚天阔。
多情自古伤离别，更那堪，冷落清秋节！
今宵酒醒何处？杨柳岸，晓风残月。
此去经年，应是良辰好景虚设。
便纵有千种风情，更与何人说！

柳永纪念馆　福建武夷山

东方童铭

chì   bì   fù   sòng   sū   shì

赤 壁 赋　宋 苏 轼

pò   zhèn   zǐ   xīn   qì   jí

破 阵 子　辛 弃 疾

　　苏轼，自号"东坡居士"，北宋著名散文家、书画家、文学家、词人、诗人，是豪放派词人的主要代表。他和父亲苏洵、弟弟苏辙合称"三苏"。

　　辛弃疾是中国历史上伟大的豪放派词人、爱国者、军事家和政治家。强烈的爱国主义思想和战斗精神是他作品的基本思想内容。

　　辛弃疾在文学上与苏轼齐名，并称"苏辛"，与李清照并称"济南二安"。

🐏 文史百科

东坡赤壁

　　位于湖北省黄州城西，又名文赤壁，因山石颜色赤红，故名"赤壁"。北宋元丰三年（1080）春，著名文学家苏轼（号东坡）因"乌台诗案"贬来黄州，在此留下了《念奴娇·赤壁怀古》《赤壁赋》等名篇佳作，后人因此将赤壁和苏东坡的名字联在一起，名曰"东坡赤壁"。但这里并不是三国赤壁之战的古战场，赤壁古战场位于长江中游南岸赤壁市境内。

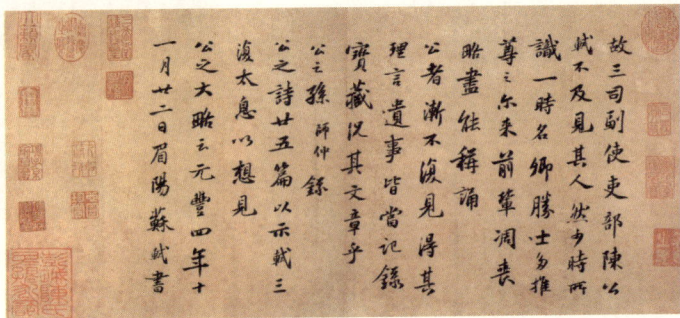

苏轼真迹

水调歌头·明月几时有

宋·苏轼

明月几时有？把酒问青天。不知天上宫阙，今夕是何年。我欲乘风归去，又恐琼楼玉宇，高处不胜寒。起舞弄清影，何似在人间。

转朱阁，低绮户，照无眠。不应有恨，何事长向别时圆。人有悲欢离合，月有阴晴圆缺，此事古难全。但愿人长久，千里共婵娟。

三苏坟　河南平顶山

破阵子·为陈同甫赋壮词以寄之

宋·辛弃疾

醉里挑灯看剑，梦回吹角连营。八百里分麾下炙，五十弦翻塞外声，沙场秋点兵。

马作的卢飞快，弓如霹雳弦惊。了却君王天下事，赢得生前身后名。可怜白发生！

祭江亭——辛弃疾曾在此作词

lù   fàng   wēng   shì   ér   shī
陆 放 翁　示 儿 诗
wén   tiān   xiáng   fēng   piāo   xù
文 天 祥　风 飘 絮

陆游是南宋伟大的爱国诗人，他一生勤奋创作，诗歌数量惊人。他的诗一方面是闲适细腻，咀嚼出日常生活的深永的滋味，如《梅花》"何方可化身千亿，一树梅前一放翁"；一方面是悲愤激昂，希望国家能够统一，如《示儿》"死去元知万事空，但悲不见九州同"。

文天祥是南宋杰出的民族英雄和爱国诗人，宋宝祐四年（1256）状元。南宋末年，面对敌人入侵，他变卖家产起兵抗元，最后失败，拒绝投降，英勇牺牲。文天祥为我们留下了《正气歌》《过零丁洋》等名篇。其中的名句"人生自古谁无死，留取丹心照汗青"，已成为千古绝唱。

文史百科

宋末三杰

是指文天祥、陆秀夫、张世杰三位爱国英雄。

公元1279年，崖山海战中张世杰被元军以侄子作为要挟的时候，说："吾知降生且富贵，但义不可移耳！"海战结束，张世杰侥幸逃脱，此时风浪甚急，部下劝他下船到陆地上去，他不从，向天焚香祷告："我为赵氏，亦已至矣，一君亡，复立一君，今又亡。我未死者，庶几敌兵退，别立赵氏以存祀耳。今若此，岂天意耶！"随后船翻落水而死。

元军攻破宋军的时候，陆秀夫先把自己的妻子儿女赶下海，随后对小皇帝说："事已至此，陛下当为国捐躯！"于是赵昺身穿龙袍，胸挂玉玺，陆秀夫背起年仅八岁的幼帝赵昺跳海而死，"后宫诸臣，从死者众"，"越七日，尸浮海上者十万余人"。

示儿

宋·陆游

死去元知万事空，
但悲不见九州同。
王师北定中原日，
家祭无忘告乃翁。

北固——文天祥抗元渡口

过零丁洋

宋·文天祥

辛苦遭逢起一经，
干戈寥落四周星。
山河破碎风飘絮，
身世沉浮雨打萍。
惶恐滩头说惶恐，
零丁洋里叹零丁。
人生自古谁无死，
留取丹心照汗青。

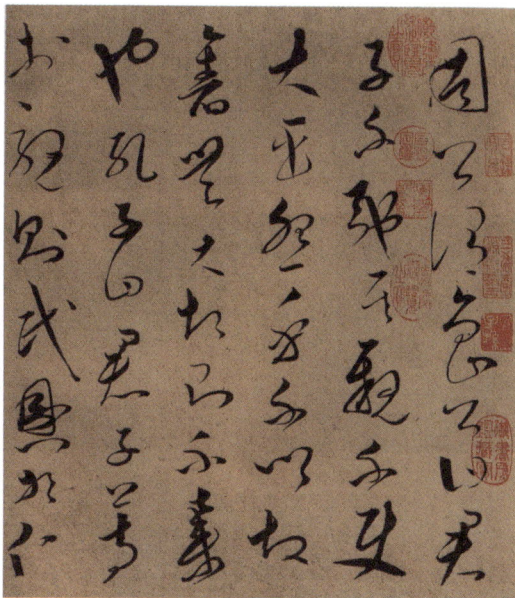

文天祥 《谢昌元座右自警辞》

113

大 乾 元　广 疆 域

dà qián yuán　guǎng jiāng yù

欧 马 可　书 传 奇

ōu mǎ kě　shū chuán qí

　　成吉思汗，原名孛儿只斤·铁木真，是世界历史上的杰出政治家、军事家。公元1271年，成吉思汗的孙子忽必烈建立了元朝，他开疆扩土，统一天下，国土面积曾达到2200万平方公里，是中国版图最大的时期。

　　马可·波罗（Marco Polo），意大利的旅行家、商人。在中国游历了17年，回国后写了《马可·波罗游记》，他盛赞了中国的繁盛昌明，激起了欧洲人对东方的热烈向往。

文史百科

　　赵孟頫，字子昂，号松雪道人，南宋至元初著名画家。他博学多才，能诗善文，懂经济，工书法，精绘艺，擅金石，通律吕，解鉴赏。特别是书法和绘画成就最高，开创元代新画风，被称为"元人冠冕"。

马可波罗

沁园春·雪

毛泽东

北国风光，千里冰封，万里雪飘。望长城内外，惟馀莽莽；大河上下，顿失滔滔。山舞银蛇，原驰蜡象，欲与天公试比高。须晴日，看红妆素裹，分外妖娆。

江山如此多娇，引无数英雄竞折腰。惜秦皇汉武，略输文采；唐宗宋祖，稍逊风骚。一代天骄，成吉思汗，只识弯弓射大雕。俱往矣，数风流人物，还看今朝。

成吉思汗像

赵孟頫《浴马图》（局部）

关 汉 卿　元 杂 剧
guān hàn qīng　yuán zá jù

王 实 甫　西 厢 记
wáng shí fǔ　xī xiāng jì

关汉卿，元代著名的戏剧家，与郑光祖、马致远、白朴并称"元曲四大家"。他的代表作《窦娥冤》讲述了窦娥被无赖诬陷，又被官府错判斩刑的冤屈故事，是我国古代悲剧的代表作。

王实甫，名德信，大都（今北京市）人。元代著名戏曲作家，杂剧《西厢记》的作者。

文史百科

元曲四大家

"元曲四大家"指关汉卿、白朴、马致远、郑光祖四位元代杂剧作家。他们代表了元代不同时期不同流派杂剧创作的成就，因此被称为"元曲四大家"。但历史上还有部分人认为元曲四大家是关汉卿、王实甫、马致远和白朴。

元代戏楼

天净沙·秋思

元·马致远

枯藤老树昏鸦，
小桥流水人家，
古道西风瘦马。
夕阳西下，
断肠人在天涯。

关汉卿像

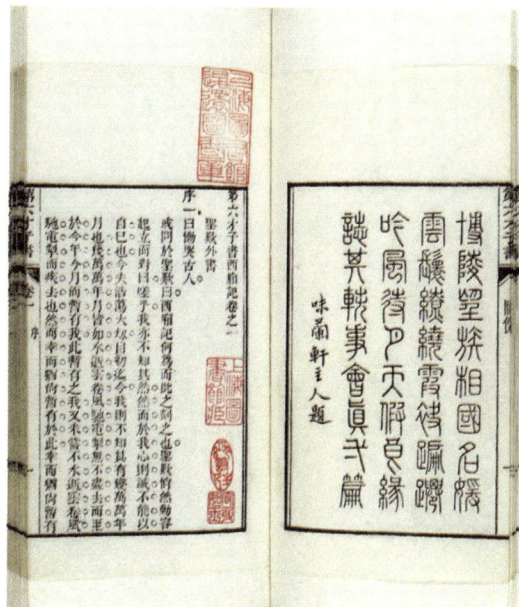

古籍《西厢记》

míng tài zǔ　　　zhì wū lì
明 太 祖　　治 污 吏

yǒng lè cháo　　zhèng hé xī
永 乐 朝　　郑 和 西

明太祖朱元璋是明朝的开国皇帝，也是继汉高祖刘邦以来第二位平民出身并且统一全国的君主，是中国历史上颇具传奇色彩也饱受争议的皇帝之一。

明成祖朱棣，通过"靖难之役"从侄儿建文帝手中夺取了皇位，迁都北京、修建紫禁城、派郑和下西洋、令解缙等人编撰《永乐大典》，开创了"永乐盛世"。

诗文链接

《永乐大典》

我国明代编纂的一部大型类书，是中华民族珍贵的文化遗产。全书正文22937卷，目录60卷，装成11095册，总字数约3.7亿字。书中保存了我国上自先秦，下迄明初的各种典籍资料达七八千余种，是中国古代最大的百科全书。

明太祖真像

无题

明·朱元璋

皇帝一十八年冬，
百官筵宴正阳宫。
大明日出照天下，
五湖四海春融融。

七绝

明·朱棣

大漠狂沙可蔽天，
冰霜万里马驱前。
挥刀笑纳天王府，
处处忠民赞铁铉。

三宝宫　马来西亚三宝垄

土木变　囚皇帝
tǔ mù biàn　　qiú huáng dì

张居正　辅万历
zhāng jū zhèng　　fǔ wàn lì

明英宗时期，太监王振掌权，朝政腐败。公元1449年蒙古瓦剌南犯，英宗在王振的怂恿下亲征，用兵不当导致"土木堡之变"，英宗被俘，代宗即位。兵部尚书于谦率军击败瓦剌军，取得北京保卫战的胜利。瓦剌太师也先不得已，将英宗皇帝释放。英宗后来发动"夺门之变"，再次登基即位，复辟后大杀群臣，包括名将于谦。

张居正与商鞅、王安石并称中国封建社会三大改革家。他在王朝颓废之际，临危变制，厉行改革，使败落的明王朝又出现了复苏的迹象。

文史百科

夺门之变

明英宗被瓦剌释放后，被代宗尊为太上皇，闲居于南宫。景泰八年（1457），代宗病危，将领石亨、太监曹吉祥等趁机发动政变，石亨等攻破南宫门，奉明英宗升奉天殿复辟，史称"南宫之变"或"夺门之变"。

张居正故居　湖北荆州

石灰吟

明·于谦

千锤万凿出深山，
烈火焚烧若等闲。
粉骨碎身浑不怕，
要留清白在人间。

名臣于谦像

明长城

121

qī jì guāng　　zhàn dōng yí
戚 继 光　　战 东 夷

hǎi qīng tiān　　shì lián lì
海 青 天　　世 廉 吏

戚继光，明代著名的民族英雄、抗倭将领、军事家。率军于浙、闽、粤沿海抗击来犯倭寇十余年，大小八十余战，终于扫平倭寇之患。"封侯非我愿，但愿海波平"是他最大的理想。

海瑞是明朝嘉靖时期的清官。由于他敢于直言进谏，惩恶扬善，一心为百姓谋利，被人民敬称为"海青天"。他因刚直不阿，曾两次遭到罢官。

文史百科

东林党

明代晚期以江南士大夫为主的政治集团。万历三十二年（1604），被革职还乡的顾宪成，修复宋代杨时讲学的东林书院，讲学期间，形成了广泛的社会影响。东林书院既讲学又议政，吸引着许多有志之士，一时都聚集在以东林书院为中心的东林派周围，时人称为东林党。

海瑞祠　浙江杭州

风声、雨声、读书声，声声入耳；
家事、国事、天下事，事事关心。
　　　　——明·顾宪成（东林书院联）

明·锦衣卫腰牌

抗倭英雄戚继光纪念碑

123

nóng zhèng shū　　xú guāng qǐ
农 政 书　　徐 光 启

běn cǎo diǎn　　xiá kè lǚ
本 草 典　　霞 客 旅

　　李时珍的《本草纲目》是对 16 世纪以前中医药学的系统总结，被誉为"东方药物巨典"，对人类近代科学以及医学方面影响重大。徐光启的《农政全书》被称为农业百科全书。

　　《徐霞客游记》是以日记体为主的中国地理名著。

文史百科

《几何原本》

　　《几何原本》是由古希腊大数学家欧几里得所著，它是欧式几何的奠基之作。两千多年来，一直是学习几何的主要教材。哥白尼、伽利略、笛卡儿、牛顿等许多伟大的学者都曾学习过《几何原本》，从而做出了许多伟大的成就。徐光启翻译前六卷，后九卷为清代数学家李善兰翻译。

李时珍像

初三日　随樵者行，久之，越岭二重。下而复上，又越一重。两岭俱峻，曰双岭。共十五里，过江村。二十里，抵汤口，香溪、温泉诸水所由出者。折而入山，沿溪渐上，雪且没趾。五里，抵祥符寺。

——《徐霞客游记·游黄山日记》

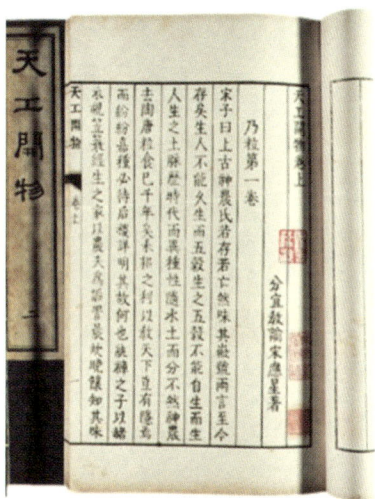

《天工开物》书影

徐霞客像

水浒传 西游记
shuǐ hǔ zhuàn xī yóu jì

与三国 明演义
yǔ sān guó míng yǎn yì

《西游记》是中国古典四大名著之一，由明代小说家吴承恩创作而成。此书描写的是孙悟空、猪八戒、沙和尚保护唐僧西天取经，历经九九八十一难的传奇历险故事，是一部神魔小说。

《水浒传》又名《忠义水浒传》，一般认为作者是施耐庵，是中国历史上第一部用白话文写成的长篇小说，开创了白话章回小说的先河。

《三国演义》全名《三国志通俗演义》，作者罗贯中。是历史演义小说的经典之作。

文史百科

《水浒传》书名的由来

《水浒传》原名《江湖豪客传》，作者施耐庵对书中的情节都很满意，只是觉得书名欠佳。他的学生罗贯中建议书名为《水浒传》，施耐庵一听，连声说："好！'水浒'，即水边的意思，有'在野'的含义，且合《诗经》里'古公亶父，来朝走马。率西水浒，至于岐下'的典故，妙哉！"于是将《江湖豪客传》正式改名为《水浒传》。

宋江　戴邦敦绘

一轮明月满乾坤

明·吴承恩

十里长亭无客走，九重天上现星辰。
八河船只皆收港，七千州县尽关门。
六宫五府回官宰，四海三江罢钓纶。
两座楼头钟鼓响，一轮明月满乾坤。

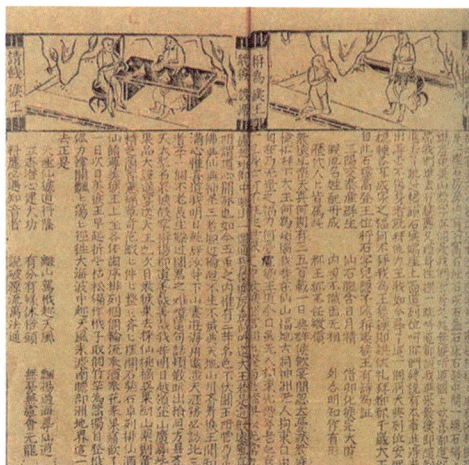

万历刻百回本《西游记》插图

吴承恩手书七律扇面

大明通行宝钞铜版

127

mǔ dān tíng   lín chuān qǔ

牡 丹 亭   临 川 曲

sān yán zhě   pāi àn qí

三 言 者   拍 案 奇

　　"临川四梦"又称"玉茗堂四梦"，指明代剧作家汤显祖的《牡丹亭》《紫钗记》《邯郸记》《南柯记》。

　　公案小说在明代也进一步发展，其中以白话短篇小说集"三言二拍"最有影响。

📖 文史百科

三言二拍

　　"三言二拍"是指明代五本著名传奇短篇小说集及拟话本集的合称。"三言"即《喻世明言》《警世通言》《醒世恒言》的合称，作者为明代冯梦龙。"二拍"则是中国拟话本小说集《初刻拍案惊奇》和《二刻拍案惊奇》的合称，作者凌濛初。

冯梦龙故居　江苏苏州

《牡丹亭》节选

明·汤显祖

原来姹紫嫣红开遍，
似这般都付断井颓垣。
良辰美景奈何天，
赏心乐事谁家院！
朝飞暮卷，云霞翠轩；
雨丝风片，烟波画船。
锦屏人忒看的这韶光贱。

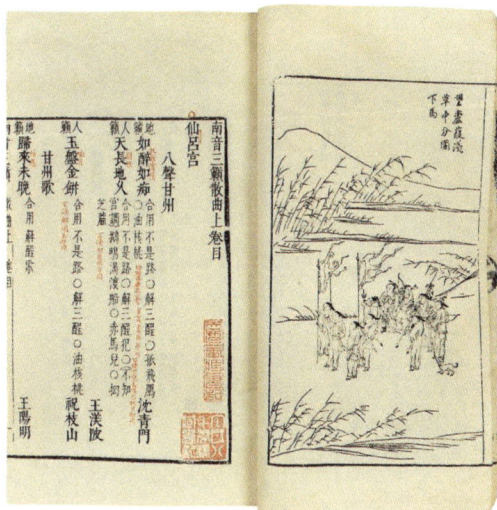

古籍《南音三籁》凌濛初编

汤显祖之墓 江西抚州

chóng zhēn dì
崇 祯 帝

méi shān yì
煤 山 缢

nǚ zhēn zú
女 真 族

hòu jīn qǐ
后 金 起

李自成，明末农民起义军领袖，人称"李闯王"。提出"均田免赋"等口号，获得广大人民的欢迎，部队发展到百万之众，成为农民战争中的主力军。公元1644年建立大顺政权，年号永昌，不久攻克北京，推翻明王朝，崇祯皇帝自尽殉国。

公元1616年女真人爱新觉罗·努尔哈赤建立的后金政权，定都赫图阿拉（今辽宁省抚顺市新宾）。萨尔浒之战胜利以后，努尔哈赤率军进攻宁远，宁远守将袁崇焕取得了宁远大捷，努尔哈赤受伤，不久身亡。皇太极继位后，利用崇祯皇帝多疑的特点，用反间计，使袁崇焕被崇祯皇帝杀害。

文史百科

八旗制度

努尔哈赤于公元1601年建立黄、白、红、蓝四旗，称为正黄、正白、正红、正蓝，旗皆纯色。后创建了八旗制度，即在原有的四旗之外，增编镶黄、镶白、镶红、镶蓝四旗。八旗由皇帝、诸王、贝勒控制。八旗初建时兵民合一，全民皆兵。

清太祖　爱新觉罗·努尔哈赤

诗文链接

杀牛羊，备酒浆，
开了城门迎闯王，
闯王来了不纳粮。

　　　　——明代民谣

明思宗朱由检

清昭陵　下马碑

沈阳故宫　辽宁沈阳

sān guì bīng　　shùn zhì lì
三 桂 兵　　顺 治 立
kāng yōng qián　　dà shèng shì
康 雍 乾　　大 盛 世

　　李自成杀害了明朝山海关总兵吴三桂的亲属，吴三桂向关外清军借兵，联合进攻北京。李自成迎战失利神秘失踪。公元1644年，清朝顺治皇帝迁都北京。

　　康熙是中国历史上在位时间最长的皇帝。执政期间，统一台湾，平定三藩，平定准噶尔叛乱，抵抗沙俄入侵，册封班禅加强对西藏地区的管理等，是一位很有作为的皇帝。康熙、雍正、乾隆祖孙三代，开创了大清帝国的鼎盛时期"康乾盛世"。

🐑 文史百科

文字狱

　　清朝文字狱的兴起旨在震慑反清势力，维护清政府的封建统治。一个单字或一个句子一旦被认为诽谤皇帝或讽刺政府，即构成刑责。顺治、康熙时期的"文字狱"还只是个别现象，到雍正时则成为一种普遍的"制度"。最为疯狂的是乾隆时期，共发生一百三十余案。

康熙皇帝

圆圆曲（节选）

清·吴伟业

鼎湖当日弃人间，
破敌收京下玉关。
恸哭六军俱缟素，
冲冠一怒为红颜。

清·郎世宁《乾隆皇帝戎装大阅图》

天下第一关——山海关

东方童铭

cáo xuě qín　　　shí tou jì
曹 雪 芹　　石 头 记
pú sōng líng　　　liáo zhāi yì
蒲 松 龄　　聊 斋 异

　　《红楼梦》原名《石头记》，作者曹雪芹。全书以贾宝玉、林黛玉的爱情悲剧为线索，描写了贾、史、王、薛四大家族由兴盛到衰落的过程。是中国古典小说的经典之作。

　　蒲松龄的志怪小说《聊斋志异》堪称文言小说的巅峰之作。郭沫若评价说："写鬼写妖高人一等，刺贪刺虐入骨三分。"

文史百科

京剧

　　京剧被誉为"国粹""国剧"，起源于中国古老戏剧秦腔、徽剧、昆曲及汉剧，公元1840年前后形成于北京。它的行当全面、表演成熟、气势宏美，是近代中国戏曲的代表。

晚清四大谴责小说

　　即李宝嘉（李伯元）的《官场现形记》、吴沃尧（吴趼人）的《二十年目睹之怪现状》、刘鹗的《老残游记》、曾朴的《孽海花》。

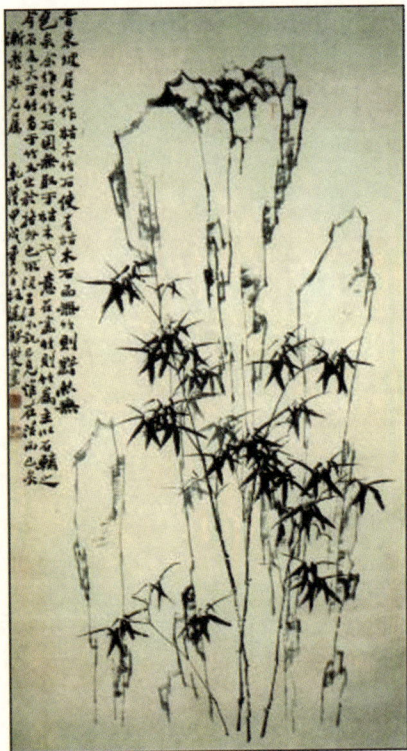

清·郑板桥《竹石图》

《红楼梦》自题诗

清·曹雪芹

满纸荒唐言，
一把辛酸泪。
都云作者痴，
谁解其中味？

黄胄《曹雪芹》

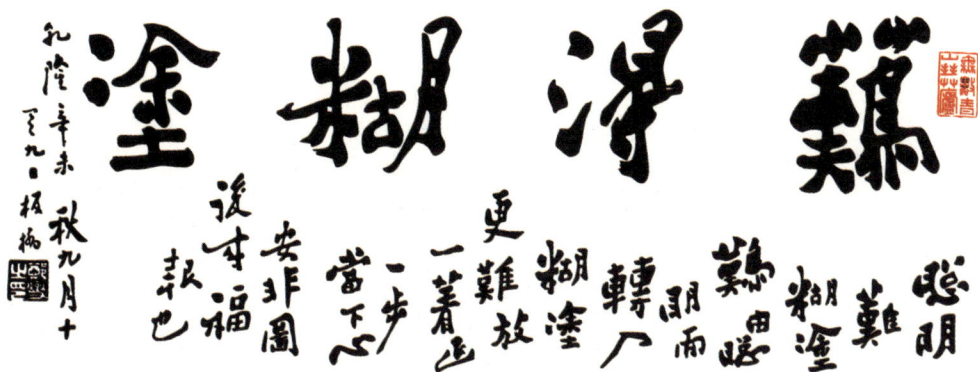

郑板桥《难得糊涂》

135

xiāo yā piàn lín zé xú

销 鸦 片　　林 则 徐

hóng xiù quán dà qǐ yì

洪 秀 全　　大 起 义

　　鸦片，俗称大烟，是一种毒品。清朝中期，英国人开始向中国大量地贩卖鸦片。钦差大臣林则徐领导了著名的虎门销烟。公元1840年，英国以此为借口发动鸦片战争，清政府被迫签订《南京条约》，割地赔款。

　　清朝后期，爆发了洪秀全领导的太平天国起义。起义军曾一度攻占南京建立政权，但最终以失败而结束。

文史百科

《南京条约》

　　《南京条约》是中国近代史上外国侵略者强迫清政府签订的第一个不平等条约。公元1842年，由清政府钦差大臣耆英、伊里布与英国全权代表璞鼎查在南京签订，是关于结束鸦片战争的条约。其主要内容是割地、赔款、五口通商、关税协定、允许自由贸易。

《南京条约》签订图

己亥杂诗

清·龚自珍

九州生气恃风雷，
万马齐喑究可哀。
我劝天公重抖擞，
不拘一格降人才。

鸦片战争博物馆　广东东莞

林则徐像

太平天国起义纪念碑　江苏南京

yuán míng yuán   yīng fǎ jù

圆 明 园　　英 法 炬

yáng wù xīng   zhàn zhōng rì

洋 务 兴　　战 中 日

　　公元 1860 年，英法联军入侵北京，到处烧杀抢掠、野蛮洗劫，焚毁了举世闻名的圆明园。第二年，咸丰帝病死在热河避暑山庄，慈禧开始了对中国近半个世纪的统治。"洋务运动"期间，清朝出现了短暂的"同治中兴"。

　　甲午战争是 1894—1895 年日本侵略中国和朝鲜的战争，北洋舰队全军覆没，清政府签订了丧权辱国的《马关条约》。

文史百科

圆明园

　　圆明园坐落在北京海淀区，与颐和园紧相毗邻。它始建于康熙四十八年（1709），由圆明、长春、万春（绮春）三园组成。有园林风景百余处，是清朝帝王在一百五十余年间创建和经营的一座大型皇家宫苑，被誉为"万园之园"。

　　圆明园占地 5200 余亩，其中水面面积约 2100 亩，圆明园的陆上建筑面积比故宫还多 10000 平方米，水域面积又等于一个颐和园，总面积竟等于 8.5 个紫禁城！

圆明园　大水法遗址　北京

　　有一个世界的奇迹，这个奇迹名叫圆明园……人们一向把希腊的巴特农神庙、埃及的金字塔、罗马的竞技场、巴黎的圣母院、东方的圆明园相提并论……这是一件史无前例的惊人杰作。然而这个奇迹已经荡然无存。有一天，两个强盗闯进了圆明园。一个强盗大肆劫掠，另一个强盗纵火焚烧……对圆明园进行了一场大规模的洗劫，赃物由两个战胜者平分……我们教堂的宝库加起来也比不上这座光辉奇异的东方博物馆。

　　　　　　　　　　　　　　　　——〔法〕雨果《致巴特雷上尉的信》

清·慈禧《寿桃图》

邓世昌雕像　辽宁丹东

东方童铭

wù xū nián
戊 戌 年

liù jūn zǐ
六 君 子

sūn zhōng shān
孙 中 山

fān dì zhì
翻 帝 制

清光绪二十一年（1895），康有为率同梁启超等数千名举人联名上书，反对《马关条约》，主张变法维新，得到光绪皇帝的支持，开始变法维新，但是最后以失败而告终。谭嗣同等六君子惨遭杀害。

1911年10月10日夜里爆发的武昌起义拉开了辛亥革命的序幕。孙中山领导的这次大革命成功推翻了清朝的统治。因为1911年为农历辛亥年，故称辛亥革命。

1912年，中华民国成立，孙中山当选为临时大总统。

文史百科

《辛丑条约》

《辛丑条约》，亦称《辛丑各国和约》《北京议定书》，是清政府在八国联军进攻北京之后，与英国、美国、日本、俄国、法国、德国、意大利、奥匈、比利时、西班牙和荷兰等11国签订的丧权辱国的不平等条约，条约包括多方面的内容，仅赔款就达4.5亿两白银，分39年还清，本息共9.8亿两。

戊戌六君子

140

狱中题壁

清·谭嗣同

望门投止思张俭，
忍死须臾待杜根。
我自横刀向天笑，
去留肝胆两昆仑。

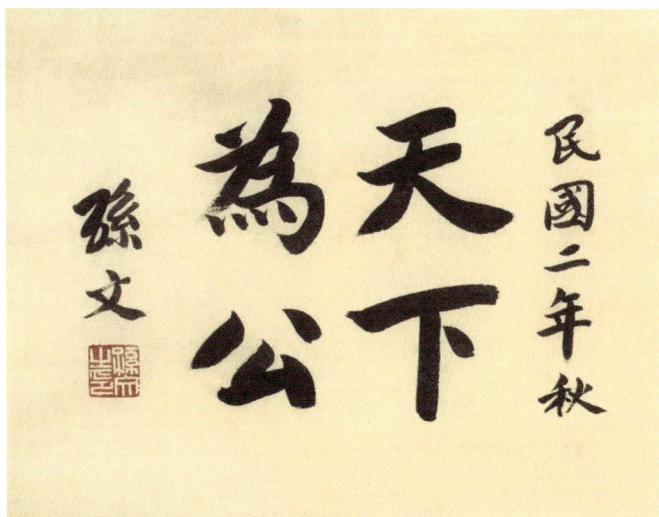

《天下为公》 孙中山

中山陵 江苏南京

141

大游行　说五四
dà yóu xíng　shuō wǔ sì

周树人　孔乙己
zhōu shù rén　kǒng yǐ jǐ

五四运动是1919年5月4日在北京爆发的中国人民彻底的反对帝国主义、封建主义的爱国运动。

鲁迅是伟大的文学家、思想家、革命家，是世界十大文豪之一。他的著作主要以小说、杂文为主，代表作有小说集《呐喊》《彷徨》《故事新编》等。鲁迅以笔为武器，战斗一生，被誉为"民族魂"。"横眉冷对千夫指，俯首甘为孺子牛"是鲁迅一生的写照。

文史百科

新文化运动

新文化运动是20世纪早期中国文化界中，由一群受过西方教育的人发起的一次思想解放运动。1915年5月4日前夕，陈独秀在其主编的《新青年》刊载文章，提倡民主与科学，批判传统纯正的中国文化，并传播马克思主义思想。在这一时期，陈独秀、胡适、鲁迅等人成为新文化运动的核心人物，这一运动成为五四运动的先导。

油画　五四运动

自嘲（1932年）

鲁迅

运交华盖欲何求？
未敢翻身已碰头。
破帽遮颜过闹市，
漏船载酒泛中流。
横眉冷对千夫指，
俯首甘为孺子牛。
躲进小楼成一统，
管他冬夏与春秋。

鲁迅像

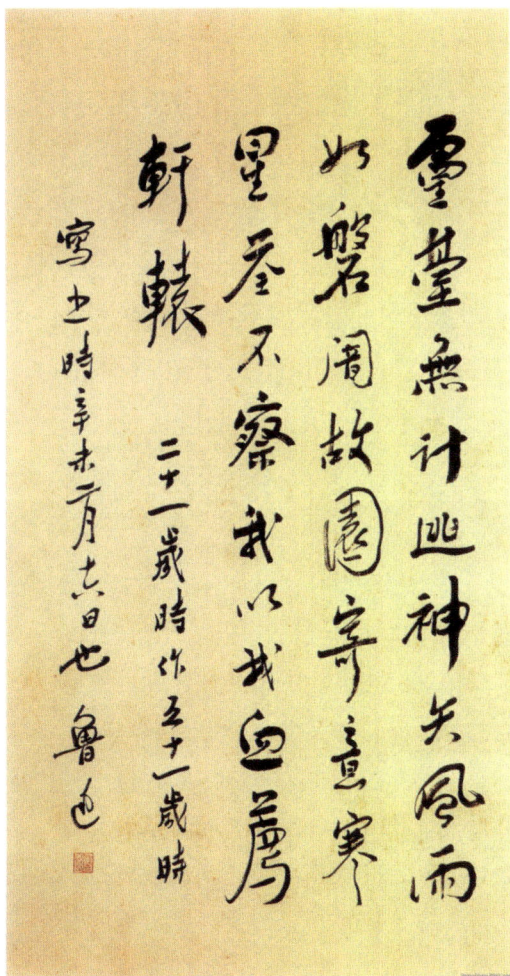

鲁迅书法

东方童铭

zhāng xué liáng   cù tǒng yī
张 学 良   促 统 一

cháng zhēng lù   dà huì shī
长 征 路   大 会 师

　　辛亥革命胜利以后，国内军阀割据，为了统一中国，1924 年国民党同共产党开始了第一次合作——北伐。

　　为了国家的统一，1928年年底张学良宣布东北易帜，将所辖东北地区纳入中华民国，将军队纳入国民革命军序列。

　　1927年国民党右派发动的"四一二"和"七一五"反革命政变，开始屠杀共产党员。8月1日，周恩来、贺龙等人发动了南昌起义，组织了反抗国民党反动派的武装力量。国民党反动派对红军开始了疯狂的"围剿"。1934年10月至1936年10月间，中国工农红军主力进行战略转移，又称为"二万五千里长征"。

文史百科

黄埔陆军军官学校

　　孙中山先生在中国共产党和苏联的积极支持与帮助下创办的黄埔陆军军官学校，是第一次国共合作的产物。自1924年在广州创办到1949年年底迁往中国台湾高雄县凤山市，在大陆共办了23期。其影响之深远，作用之巨大，名声之显赫，都是始料不及的。

红军长征胜利会师地　甘肃会宁

长征

毛泽东

红军不怕远征难，
万水千山只等闲。
五岭逶迤腾细浪，
乌蒙磅礴走泥丸。
金沙水拍云崖暖，
大渡桥横铁索寒。
更喜岷山千里雪，
三军过后尽开颜。

遵义会议旧址　贵州遵义

张学良故居　辽宁沈阳

jiǔ yī bā　　fēng yān qǐ
九 一 八　　烽 烟 起

dà tú shā　　tòng jì yì
大 屠 杀　　痛 记 忆

　　1931年9月18日傍晚，日本关东军炸毁沈阳柳条湖一段铁路，发动九一八事变，开始侵略中国东北。1937年7月7日夜，日军又发动了卢沟桥战争，开始了全面侵华。1937年12月13日，日军在南京制造了震惊世界的南京大屠杀，屠杀中国军民约30万人。1945年8月15日，日本宣布无条件投降，伟大的中华民族取得了长达14年的抗日战争的胜利。

文史百科

西安事变

　　1936年12月12日，西北"剿匪"副总司令、东北军领袖张学良和国民革命军第十七路军总指挥、西北军领袖杨虎城，在西安发动兵变，扣留了蒋介石，成功逼迫蒋介石"停止内战，一致抗日"，国民党和共产党的第二次合作——全面抗战——开始了。这次事件也称作"双十二事变"。

"九一八"纪念碑　辽宁沈阳

松花江上

张寒晖　词曲

我的家在东北松花江上，
那里有森林煤矿，
还有那满山遍野的大豆高粱。
我的家在东北松花江上，
那里有我的同胞，
还有那衰老的爹娘。
"九一八"，"九一八"，
从那个悲惨的时候。
脱离了我的家乡，
抛弃那无尽的宝藏，
流浪！流浪！
整日价在关内流浪！
哪年，哪月，
才能够回到我那可爱的故乡？
哪年，哪月，
才能够收回那无尽的宝藏？
爹娘啊，爹娘啊，
什么时候，
才能欢聚一堂？

中国人民抗日战争胜利纪念碑

南京大屠杀纪念馆　江苏南京

147

東方
童銘

jiě fàng jūn   sān zhàn yì
解 放 军   三 战 役
gòng hé guó   shí yuè yī
共 和 国   十 月 一

　　抗日战争胜利后，国民党和共产党在重庆签订停战协定，召开政协会议。1946年5月底，在美国的支持下，国民党反动派撕毁停战协定和政协决议，对解放区发动全面进攻。中国共产党领导解放区军民英勇地进行反击，开始了解放战争。经过辽沈、淮海、平津三大战役和渡江战役等，1949年10月1日，中华人民共和国宣告成立。

解放战争中的人民解放军

文史百科

重庆谈判

　　1945年抗日战争胜利后，为避免内战、争取和平，中国共产党同国民党政府在重庆进行了为期43天的和平谈判，史称"重庆谈判"。整个事件过程从1945年8月29日开始，至10月10日结束，国共双方签订了《政府与中共代表会谈纪要》（即《双十协定》）。

人民解放军占领南京

毛泽东

钟山风雨起苍黄，百万雄师过大江。
虎踞龙盘今胜昔，天翻地覆慨而慷。
宜将剩勇追穷寇，不可沽名学霸王。
天若有情天亦老，人间正道是沧桑。

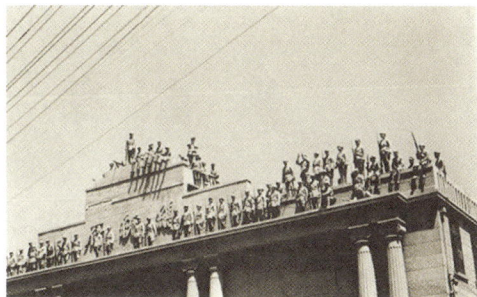

人民解放军解放南京

辽沈战役纪念馆　辽宁锦州

wǒ shào nián guó zhī jī
我 少 年 国 之 基

xiū zì shēn qí nǔ lì
修 自 身 齐 努 力

少年智则国智，少年富则国富，少年强则国强；少年独立则国独立，少年自由则国自由，少年进步则国进步；少年胜于欧洲则国胜于欧洲，少年雄于地球则国雄于地球。红日初升，其道大光。河出伏流，一泻汪洋。潜龙腾渊，鳞爪飞扬。乳虎啸谷，百兽震惶。鹰隼试翼，风尘吸张。奇花初胎，矞矞皇皇。干将发硎，有作其芒。天戴其苍，地履其黄。纵有千古，横有八荒。前途似海，来日方长。美哉我少年中国，与天不老！壮哉我中国少年，与国无疆！

——梁启超《少年中国说》

万里长城

中国人

（中国台湾）李安修

五千年的风和雨啊藏了多少梦
黄色的脸黑色的眼不变是笑容
八千里山川河岳像是一首歌
不论你来自何方将去向何处
一样的泪一样的痛
曾经的苦难我们留在心中
一样的血一样的种
未来还有梦我们一起开拓
手牵着手不分你我昂首向前走
让世界知道我们都是中国人

国庆

北京故宫

151

促 和 谐　　扬 正 气
cù hé xié　　yáng zhèng qì

中 国 梦　　创 奇 迹
zhōng guó mèng　　chuàng qí jì

　　"滚滚长江东逝水，浪花淘尽英雄"，在我们中华民族五千年文明发展的历程中，涌现出了无数的可歌可泣的英雄人物。天下兴亡，匹夫有责，伟大的民族精神深深融入我们每一个人的血液，使我们中华儿女紧密团结，为捍卫民族的独立，国家的尊严，社会的和谐美好而努力奋斗。我们热爱伟大的祖国，为她欢呼，为她祝福。在全国各族人民的共同努力下，中华民族必将龙腾东方！

文史百科

2008 年北京第 29 届夏季奥林匹克运动会主题曲

　　《我和你》（You And Me）：我和你，心连心，同住地球村，为梦想，千里行，相会在北京。来吧！朋友，伸出你的手，我和你，心连心，永远一家人。

三军仪仗队

歌唱祖国

（现场版）

作词：王莘

五星红旗迎风飘扬，胜利歌声多么响亮；

歌唱我们亲爱的祖国，从今走向繁荣富强。

越过高山，越过平原，跨过奔腾的黄河长江；

宽广美丽的土地，是我们亲爱的家乡。

我们爱和平，我们爱家乡，我们团结友爱坚强如钢。

五星红旗迎风飘扬，胜利歌声多么响亮；

歌唱我们亲爱的祖国，从今走向繁荣富强。

歌唱我们亲爱的祖国，从今走向繁荣富强！

邮票《人民大会堂》